其實遇到難題的時候，
我們大部分時間都在
處於想辦法解決問題的思考中，
根本沒有時間在當下體會
那一刻自己的運氣多麼糟糕，
自己的命運多麼不好之類的。
一切的一切，
都是在我們熬過去之後回過頭來看，
才會放大那個時候的委屈與痛苦。

到頭來每個人都只能陪你一段時光，
這才是生活的本身。

我也是後來才開始說服自己，
我的那些不開心、自卑、迷茫、
無處安放的煩躁，
都是源於我的本身，
周圍的一切人和事
不過是外在的助力而已。

如果一件事情需要動用到你的意志來完成，
那麼這件事情的意義就沒有那麼大了。

不將就不是為了逃避，
而是為了等待，
等待對的那個人出現，
哪怕這個過程真的有些漫長。

期待你也能成為
那個知道自己不是發神經，
只是愛笑多一點罷了的小孩。
相由心生的前提是，
我們得活出一副
讓自己舒服的表情，
而不僅僅是讓別人
看起來舒服的表情而已。

克制不是為了證明自己的大度怡然，
也不是為了用來不做解釋的逃避與懦弱，
而是為了告訴我自己，
克制本身就是一種情緒，
你不能駕馭它，你只能適應它。

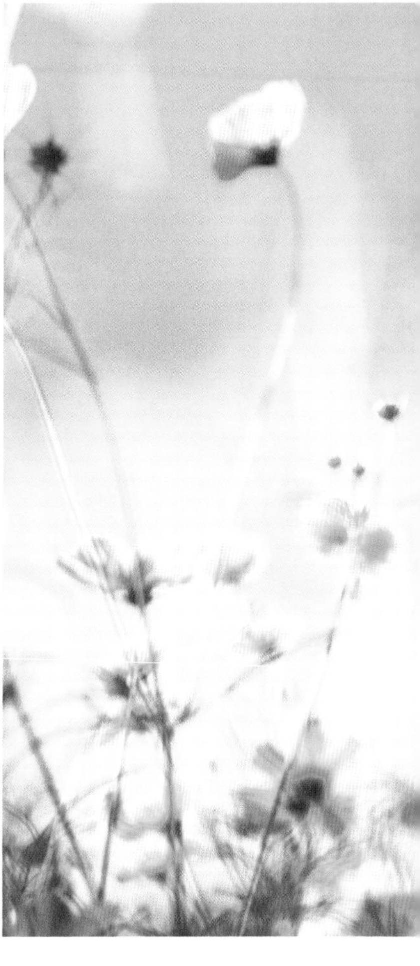

你要的一切，
終究歸於你自己的選擇和努力，
當你想要做些什麼
但是不知道如何說服自己的時候，
那麼這一切的參考前提就是，
你高興就好。

你說的不應該，是我用盡全力的想望

達達令 著

目錄

我真的沒有不高興 *12*
好的家人是一種福報 *26*
克制也是一種情緒 *46*
他們不以為然的，是我視如珍寶的 *62*
體諒也是一種善意 *74*
你高興就好 *86*

你說的不應該，是我用盡全力的想望 98
人生苦短，誰能與共 120
直到對的人來 140
那些被好運眷顧的人 156
每一個現在，都是最好的現在 176
如果再見，何必紅著眼 194
我的後少女時代 208
有些故事不必說給每個人聽 224

我真的沒有不高興

相由心生的前提是，
我們得活出一副讓自己舒服的表情，
而不僅僅是讓別人看起來舒服的表情而已。

今天看星座分析，這一天開始進入了摩羯座月宮，我感慨了一句，終於輪到自己能量集中發散的時候了。

不管這是不是一種心理暗示，至少對於我這樣一個容易動不動就產生負能量的人來說，寧可相信命運這個詞彙，或許對我而言就是最好的外力了。

我不是個星座迷信者，曾經有段時間我身邊多了好幾個這樣的重度神婆，她們見面就問對方什麼星座，然後還進一步問上升星座是什麼。

接著他們會開始推理我跟你合不合得來，如果是合適搭檔的星座，就會一見如故，初次見面也容易打開破冰之旅。但是遇到水火不容的星座，瞬間就能把前一秒熱情洋溢的臉變成面無表情。

曾經我很感慨，要是人類的交往都可以透過這般表象的星座標籤來分類，那我們又何必強調要日久見人心、要在意一個人的品行、要透過內在去感受一個人的氣質呢？

所以有段時間我對於星座這件事情很反感，我不喜歡聽那些花枝招展的女同事每天在茶水間議論昨天相親遇到了一個極品男，然後說你知道嗎？他連喝杯咖啡都要ＡＡ制，是不是有夠小氣，後來我才知道他果然是金牛男，以後再也不找這樣的了！

又或者他們會說，部門新來了一個女生，做事情毛毛躁躁囉哩囉嗦的，我一開始就覺得她是處女座的，後來一問，果然啊！

我都能想像到這個新來的女同事接下來在這個部門的日子裡有多難熬，第一天就被別人貼上這樣的標籤，就算她什麼都沒有做錯，可是在別人眼裡的好感度，就是沒有那麼多了。

哎。

02

不知道從什麼時候開始，處女座就一直中箭，無論是網路熱門話題，還是平日裡的朋友對話，即使是我身邊剛認識的朋友或者客戶，他們見面第一句話就開始自嘲：你好！我就是那個一天到晚被攻擊的處女座，你可別介意啊！

我每次心裡都會回答，我有什麼好介意的呢？我又有什麼資格可以介意呢？

我自己身為一個很悶騷的摩羯，天生裝滿一籮筐的心事，從小就有成人的心理。

曾經我覺得我恨死了這樣的負擔。

每一次認識新朋友，我總會陷入一個尷尬的局面，他們總會半開玩笑半正經的問我：我總感覺你跟你的朋友不是同年齡。

哦，什麼意思？

對方不好意思開口。

我笑著說，我看起來像姐姐，或者是阿姨對吧？

對方滿臉抱歉。

這樣的對話，是我在二十五歲以前最討厭的畫面，而我在生活中就是一次次的經歷著。

總有人問我，達達令你今天是不是不開心？

我說沒有啊！

那你為什麼不笑呢？

我為什麼要笑呢？

對話到這裡就尷尬結束了。

我沒有不高興，老娘天生長著一張心事重重的臉，這也不是我願意的事情啊！

後來我想改變這種情況，我試著讓自己說話的聲線變得清甜可愛，我試著讓自己融入大家的打鬧，看看今天發生了什麼狗血的辦公室八卦，可是不到幾次下來，我發現這簡直比讓我去死還難受。

我還開始練習自己的笑臉，試著感受一下哈哈大笑的感覺，可是我發現這樣的表情，真的很難看。

罷了，我也開始妥協了。

03

很長一段時間以來，我很討厭星座。

後來我的助理 Landy 小姐買了一本關於星座的書回來，每次吃完午飯就開始認真閱讀，還會做筆記。

我很訝異。

她說，我想提前看看我跟我的男友八字合不合，這樣才能判斷我們能不能繼續走下去。

我說，那要是發現你們之間星座不合怎麼辦？

那我就試著去避開這些不好的部分啊！

嗯，這話還真是提醒到我了。

於是後來我也開始漸漸去了解關於星座的一切，我至今沒有成為神婆，也沒有對每一個星座如數家珍，但是我已經開始接受這一點，既然東方有命理八字，西方有星座研究，這些古人傳承下來的東西，必定有可以參考的部分。

也是到了後來，我才漸漸摸索出一個道理，**星座的研究與分析，不是為了讓你單純的透過十二種人的分類，來膚淺的參與交際生活，而是為了讓你更加明白，你是怎樣的一個自己。**

你擁有什麼樣的天賦，你缺乏哪一部分的特質，那些你明白或者不明白，那些

你願意或者不願意接受的內在隱藏的自己，都會赤裸裸的透過內在能量投射到你的生活中。

後來我就真的喜歡上了認識星座。

其中一個原因是可以讓我多了一門可以跟別人打開話題的技能，尤其是女生這種複雜的動物。初次見面如果我知道水瓶的你聰明伶俐，牡羊的你熱情如火，獅子座的你有些小傲氣，那麼我自然知道該拿捏什麼樣的分寸來讚美一個人。同樣的道理，如果一個人初次見面告訴我，你真的好漂亮啊！我一定會白她幾眼的。

我這麼一個清醒認識自己的人，我知道自己好看還是不好看，要是用到「真的」、「非常」、「很」這些字眼，我還是會懷疑幾分的。

也不是不願意接受別人的讚美，而是如果你說，我覺得你很有氣質，我心裡的高興程度才會多一些。

喜歡探討星座的另外一個原因，當然就是更能好好的整理分析我自己。

我開始接受自己就是一個天生悲觀的人，一個喜歡實際行動多過於喊口號的人，一個重視內在表達多過外貌協會的人，一個時常糾結但是時而又清醒無比的人。

這個世界裡有些人是擅長作傾訴者的，他們遇到一切開心的事情不開心的事情，都必須找到一個出口，告訴別人此刻內心的感受。你要他們默默消化一份獲得進步與讚賞的喜悅，他們做不到。

每當遇上這一種朋友，他在SNS★上炫耀自己簽了一張大訂單的照片，她在SNS上昭告天下我被求婚了戒指很大很大。這樣的人其實並不見得虛榮，他們只是習慣表達。

這時候我通常喜歡做的事情，就是拿出我耍嘴皮子的那套功夫，說盡好話，加一堆祝福開心的表情，讓對方心滿意足的享受此刻當下的成就感。

總有人留言請我寫一個主題「一個人是不是因為內心缺乏什麼，就會刻意炫耀什麼」。我說我不喜歡這樣的邏輯概念，因為反過來說，你看到別人在炫耀覺得心裡不舒服，是不是因為他炫耀的正好也就是你自己所沒有的呢？

就好比現在有更多人讀到我的文字，會有人跟我說感覺你的文風變了，不知道你自己有沒有感覺到？

我說我很難評判自己是否有進步，但是生活的每一秒都在發生變化，我這麼一個活生生的大腦思考，當然不可能一直都是過去那個自己。

再來就是會不會是你成長了成熟了，覺得我的邏輯想法已經不能對你有所幫助了？如果是那樣我也不會覺得抱歉。就如同一份工作總有人來人往，人都是在變化的，不變的只是這份工作存在的本身。

合適的時候相互合作分享，彼此成長之後漸行漸遠，這也不是一件很糟糕的事，畢竟我們從來也就是陌生人罷了。

如果遇到另外一種人，他不愛自拍，不愛發文字動態，只喜歡分享一些有用的文章，偶爾在SNS上出現一下，那也並不意味這他不熱愛生活。相反的他可能在默默的累積力量，希望自己每過一段時間能呈現一個顯著進步的自己給大家。

甚至有人不喜歡向別人提起自己的進步與努力，因為對於他們而言這就是生活的常態。

★ SNS：Social Networking Services，社群網路服務。指多種利用網際網路讓使用者互動的方式，如聊天、寄信、影音、檔案分享、部落格、新聞群組等。常用的知名 SNS 如：Facebook、Instagram、Line、Wechat、Twitter 等。

就跟談戀愛一樣，你習慣了這種人的沉穩實在，也勢必要接受他們有時候難免會比較沉悶。

我自己就屬於後一種，以前慢熱到不自知，現在自知了，我也不打算改。但是我會比以前更大膽一些，告訴別人我就是這樣的一個人，麻煩您多給我一點耐心，而不會像以前那樣的內心旁白是「你不了解我，我憑什麼要去了解你」，又或者是「我就這樣，你愛理不理囉！」

與其說別人不了解自己，不如說是自己不願意打開自己罷了。

當然了，要是真的遇到氣場不合的人，你也可以透過星座的說法，讓自己接受這點現實，而不至於哀怨為什麼自己那麼倒楣總是遇人不淑。你跟他都沒有錯，錯的只是這個氣場本身而已。

05

以前我每次出門前把自己打扮漂亮，總是會想得到我喜歡的人一句讚美，結果我男友的說法永遠都是，看起來還可以。

我總是一次次的生悶氣，覺得自己是不是真的很不好看。後來我才意識到，同樣是摩羯的他，說「還可以」這個詞語，就是最大的讚美了。

我跟閨密逛街，每次看到她尋覓到合適的新衣服，我也總是讚美一句，還不錯呢！她知道我在說什麼，因為這一句已經是我不違心的前提下所能說出的最大讚美了。

每次能量滿滿的時候，我總是把星座的事情放到一邊，可是每當遇到挫折或者難題了，我也總會去搜尋一下，摩羯座這個月這個星期是不是真的運勢不是很好。如果發現運勢的確是這麼說，我反而就沒那麼難過了。

你看，我們都需要一種安慰，只不過有些人要的是聲音和微笑的安慰，我要的卻同樣是文字分析的安慰。

如果有一天你看到我，發現我看起來不是很開心，那一定不是真的。因為我真的沒有不高興，只是我就是一個面無表情的大姐。

你可以說我腹黑，也可以說我心機很重，可是我從來也不覺得這些詞語就是貶義詞。畢竟最重要的事情就是，我知道這就是我自己啊！

期待你也能成為那個知道自己不是發神經，只是愛笑多一點罷了的小孩。

相由心生的前提是，我們得活出一副讓自己舒服的表情，而不僅僅是讓別人看起來舒服的表情而已。

好的家人是一種福報

我們總以為自己做出的任何選擇都來自於我心，
其實大部分我們都在自己的意願
以及家人甚至是朋友的建議中試圖平衡。

網路上看到一則新聞，美國有一家人的女兒原本要舉辦一場大型婚禮，卻因為未婚夫的關係取消了，雖然這件事情讓人很遺憾，但是這一家人居然決定要把婚禮變成一場派對。

事情的起因是這樣的，女生的未婚夫在婚禮前夕突然臨時退縮決定悔婚，雖然兩人已經分手，但是婚禮相關的一切都已經準備就緒，預定了一家豪華飯店，宴席的錢也已經預付。

這個意外發生後，女孩的家人都在想辦法解決這件事情，然後新娘的媽媽突然做了一個決定，她說「好吧！既然這樣，那婚禮照常舉行。」

後來的新聞是，這家人聯絡了當地的遊民之家，邀請那些無家可歸的人去婚禮現場，把婚宴上準備好的美食全部都分發給這些流浪漢，不僅如此，因為舉辦婚禮用的裝飾品等全都已經付錢，於是家人把這些東西全部捐給了療養院。

最後的結局是，本來是女兒的蜜月之旅，乾脆也變成了一家人出遊的好機會。

很多人看到這則新聞後，都為這一家人的善良按讚，更敬佩他們塞翁失馬焉知非福的良好心態，這個新娘也得到了很多人的祝福，大家都覺得她能遇上更好的人，也有人拿這個逃跑的新郎開玩笑，說上了這一次的熱門新聞，他可能很難再找到別的女孩了。

這個故事讓我很窩心，尤其是女孩的媽媽，她能在那樣關鍵的場合裡扭轉事態，而且做得那麼漂亮，然後一家人也跟隨著媽媽的節奏，一起給予這個親人這個時刻裡最需要的支持。

這才是家人的陪伴意義所在。

02

如果這件事發生在華人社會，按照我們平時看到的鄉土劇，肯定是新郎新娘的雙方家長早就劍拔弩張，火藥味十足了，甚至會有家長因為愛面子，也有可能會想辦法把新郎綁架過來，先把這個儀式走完，讓賓客歡喜一場而去，然後再處理後來的事情。

但是如果真的是新郎早就跑得遠遠的呢？五花大綁一時間也來不及抓回婚禮現場了呢？

我不敢想像。

按照電視劇情節推斷，有可能就直接找個男備胎了，但是細細想來也不可能，因為雙方的客人都是熟人，臨時換了一個新郎，總是會被揭穿的……

寫到這裡，我突然意識到，就連我自己也陷入了日常的應急邏輯中，那就是光顧著解決大局問題，處理面子的事情，顧及賓客的心情……可是，可是最重要的是，我們居然忘了最需要顧及的那個人，是孤獨的新娘啊！

她是這場事件裡最痛苦的人，她來不及自己釋放悲傷沉痛，可能就要陷入面對所有外人的尷尬局面中，而這個事態如果處理不好，很可能會讓她留下一輩子的陰影，或者是更沉重的傷害，比如不願意再去相信愛情了等等。

如此想來，恐怖至極。

很多時候，我們總覺得別人家的那些事不會發生在自己身上，但是細細想來，我們不也一樣是他人眼中的別人家嗎？

其實不光是婚禮，關於我們生活裡的種種事件，都沒有辦法脫離自己成長的家庭元素。

有人說，這一輩子我們什麼都可以選，除了自己的家人。

有時想想，不禁有些恐慌，這真是一件需要運氣的事情啊！

我們總以為自己做出的任何選擇都來自於我心，其實大部分我們都在自己的意願以及家人甚至是朋友的建議中試圖平衡，朋友的話有時候可以放在一邊，可是說到父母呢？

04

我的好友T小姐之前被外派國外工作三年，她的公司有一次派了一個上海男生去國外出差，T小姐跟這個男生相遇了，然後戀愛。

T小姐為了這份愛情，於是向公司申請調回國內工作。

可是這個男生的回應是，我媽告訴我不能娶外地人。

T小姐說，然後呢？

男生回答說，可是我真的愛你，我也願意為這份感情努力。

於是兩人在國內也維持了一段時間的戀愛。

T小姐回憶，那是她從來沒有遇見過的美好時光，兩人工作一段時間然後相約去旅行，看大海看星星看月亮，海風掠過耳邊的時候，她曾經幻想這就是自己想要的生活。

終究好景不長，男生的媽媽還是下了禁止令，這一次是來真的，直接切斷了男生的經濟來源，男生本來在家裡跟父母一起住，這一次父母不再給他這個歸處，所以即使男生自己有薪水收入，可是在上海這個寸土寸金的地方依舊是很大的壓力。

而最重要的是，男生這幾十年來從未離開過父母的這個家，這種突然襲來的要求，對於他在心理和行動上都沒有多大獨立性的人來說，絕對是一件可怕的事情。

施壓開始有效了，男生跟T小姐的戀愛也開始沒那麼用心。

感情這件事情，一旦有一方開始有懈怠，那麼任憑另外一方如何努力那也是沒有用的。

漸漸的，兩人開始出現不愉快，然後就是摩擦，然後就是分手。

05

T小姐回到了老家，找到一份新工作，打算從頭開始。

可是人畢竟不是冷血動物，還是會思念的，加上男生也偶爾會打電話過來。

T小姐說，我知道自己跟他是絕對不會再有戲的，所以後來的電話裡也不再會有任何的心緒不寧。

我問，為什麼呢？

T小姐說，因為他告訴我，他媽替他在上海買了一間新成屋，條件就是要他找個上海本地女生好好戀愛結婚，他也同意了。

嗯，怎麼會不同意呢？這可是一間在上海的新成屋呢！

我們已經過了那個只有情愛不要麵包的年紀了，我們知道錢這件事情的重要，加上知道男生的家長是這樣的態度，即使T小姐真的嫁過去了，後面的路大概也是層層磨難，所以我們從來不會在她對這份感情的遺憾上再去添油加醋。

當然理性如我，也不會一味的罵男生是個懦弱的媽寶，是個有種說沒種去爭取的冷漠鬼，我們更不會說他是個見錢眼開的勢利眼，他的一切出發點都是他自己的選擇。

我只能從T小姐自己的角度來安慰她，我們就這麼敗給了錢，而且是好大一筆錢，即使將來有個人很愛我們，我們也要讓自己強大起來，才能保證避免再一次面臨金錢的考驗。

從一定程度上來說，賺錢的本意之一，也是為了讓我們得到自己想要的愛情的重要能力。

06

其實這件事情很普通，兩個相愛的人得不到雙方家長的祝福，有時候是其中一方家長極力阻撓，於是原本單純的感情就變成了兩家的人際關係衝突，而且可怕的是，如果這其中的主角本身在自己父母面前就不是人格獨立的人，那麼這場衝突只會在不對等的狀態中變得更糟糕。

T小姐的故事之所以讓我覺得感慨，是因為這其中根本就沒有一段長時間的交戰拉鋸，而是那個男生父母的兩句話，一是要他自己搬出去租房住，這是施壓，二是給他一間房，這是獎勵。

雙管齊下，不到半個月的時間，快刀斬亂麻也就結束了這份感情。

來不及讓人消化，結局已定，速度之快，讓人驚愕。

我沒有資格說這個男生的父母狠心，因為對於他們而言這就是對自己兒子最好的愛，而且最無奈的是，男生即使心有不甘，勉強結束這份感情之時心裡難免有怨念，可是家人畢竟是家人啊，時間一長也就慢慢習慣了，他們依舊是自己最愛的父母不是嗎？

這件事情的最好結局就是，男生順遂父母心意找到了符合條件的女生過日子，只要遇到的人不錯，他也能幸福的生活下去，但是如果他沒有選對人，或者是家裡的一切一直掌控在父母手裡，在家常生活的瑣碎中，也難保他不會翻出當年自己被阻撓的那份真心所愛，然後心生怨恨。

有句話說得好，得不到的就是最好的，如同電影《港囧》裡，徐來心裡那根哽在喉嚨裡的魚刺一樣，糾纏他一生，無時無刻。

07

我讀高三那一年，因為轉學到另外一個學校，認識了一個很投緣的女生，這一年裡因為學習壓力很大，我們沒有太多交流的時間，可也正是那段特殊的日子裡，我更加能判定出這個朋友的真心實意，以及她身上有我想要的那種精神力量。

我叫她H小姐吧。

H小姐的家境不好，住在很遠的鄉下，這是以前我不知道的事，直到有一次我媽來學校送飯給我，我當然跟H小姐一起分享，我媽問H小姐家住哪裡，我媽當時只是說她小時候去過H小姐老家所在的地方。

後來我媽才告訴我，H小姐的老家是個窮鄉僻壤，她以前小時候跟著大人去山上採草藥曾經經過，那裡真的很落魄，連我媽這樣窮人家出來的人，也心疼Ｈ小姐家境的困苦。

轉眼到了考大學的時候，我們畢業之後，有一天晚上我們邀請班導師來跟我們一起玩，也相當於謝師宴了，當時的我連啤酒都不會喝，所以當班導師要跟我碰杯的時候，我勉為其難的喝了一小口，瞬間難受之極。

到了班導師跟Ｈ小姐碰杯的時候，Ｈ小姐拿起一個酒瓶就咕嚕咕嚕往嘴裡灌，我們一行同學連男生都驚呆了，可惜那個時候因為大家興奮，也都覺得沒什麼奇怪，可是Ｈ小姐喝完酒，突然撲上去擁抱班導師，然後痛哭流淚，半天不說一句話。

主要是那個場景太戲劇化了，有些感人到過度尷尬，我們不知道怎麼應對，最後是班導師拍了拍Ｈ小姐的後背，也沒說什麼話，然後接下來大家就繼續狂歡了。

轉眼我們各自上大學，H小姐考上了一所師範大學，我考上外地的大學，我們各自忙碌，然後各自畢業工作。

H小姐回到老家附近的某個城市當中學老師，她說自己終於從事了自己喜歡的工作。

去年的某一天，H小姐傳訊息給我，說她要結婚了，我很為她高興，然後感慨之中聊起了以前的一些回憶，這次H小姐跟我說了一件小事。

H小姐說，本來她高二那年過後，就沒有機會念高三了，很簡單，因為家裡太窮拿不出學費，她想盡辦法也沒有用，高三開學的時候，她去求校長先讓她入學，後面她再想辦法。

可是沒辦法，即使勉為其難讓她先來上課，可是兩個星期後學校又開始來催繳學費了，H小姐的父母在電話裡說，不是他們不願意付這筆錢，而是他們已經盡力了。

H小姐有一天被班導師叫到辦公室，班導師拿出一筆現金給H小姐，然後說，我知道你現在心情很複雜，我不要求你說什麼，你先去把學費繳了，然後好好念書，什麼也不用想，至於這個錢你將來什麼時候還，甚至是不還，我也不會介意。

H小姐在辦公室裡不敢掉眼淚，走出門口的時候，班導師又叮嚀了一句，可是伙食費的事情，就得麻煩你爸媽想辦法了。

H小姐打電話回家告訴自己的父母，兩人很高興，家裡雖然貧寒，一下子拿不出那麼一大筆學費，但是省吃儉用還有靠著農務工作，每個月給H小姐生活費是沒有問題的，於是即使艱難一些，這一年也堅持下來了。

考上大學之後，H小姐申請助學貸款，畢業後開始工作賺錢，H小姐告訴我，就在前陣子，她剛剛把所有的欠債，包括當年那位班導師借給她的錢還清，那一夜她說自己輕鬆之餘，想起當年的艱難往事，還是忍不住哭了起來。

09

那一刻我終於明白高三畢業的那場聚會裡，H小姐為什麼哭得如此聲嘶力竭，激動不已，不是因為捨不得同學之情，而是太多的千頭萬緒湧上心頭。

身為一個老師，當年的那位班導師見過太多家境貧寒的學生，可是他偏偏選擇了幫助H小姐，而且其實小地方的高中老師薪水並不高，也不是誰都有那份心，從這點來說，H小姐說這個老師就是她命裡的大貴人。

H小姐告訴我，在她的家裡，身邊的孩子到了十幾歲的年紀就要幫忙家裡務農，遇到農忙季節，有時候很多同學都沒有辦法按時去學校，那些我們如今看起來很不可思議的落後觀念，至今還在她的那個小村莊裡上演，年復一年。

「而且那些孩子的父母從來就不支持孩子讀書，尤其是女孩子，他們不但不支持你，還要想辦法讓你做一些耗費力氣的工作，讓你累得沒有精神讀書，然後考不上好學校，他們就有藉口不讓你上學了。」

H小姐打完這一段文字過來的時候，沉寂了很久。

然後她繼續告訴我，雖然那個時候我的家境也很糟糕，可是我的父母卻從來沒有為難過我，他們打電話給我的班導師道謝，然後拚了命工作好給我生活費，他們拚盡全力幫我度過了這一輩子最艱難也是最關鍵的時刻。

現在我能坐在明亮乾淨的辦公室裡，體面的在講臺上教書，我比任何人都明白教書育人的重要性，這也是我為什麼考師範院校然後當老師的原因，其實早在高三那一年，那個班導師就相當於在一定程度上決定了我這一生的選擇。

H小姐說，每年過年回娘家，回到那個落後的小村莊，看著和自己同年紀的人去工廠工作，然後因為家裡的細瑣小事跟家人吵架，她說她知道自己雖然不算富有，但是也沒有以前那麼自卑以及那麼慌張了，她開始包容自己的父母。

她知道自己的未來有慢慢變好的希望，她也期待著結婚之後給自己的孩子更好的未來，而不是像老家隔壁鄰居的孩子一樣，很小的年紀就開始要為家裡貢獻苦力。

那種一代傳一代的痛苦，是一種望不到盡頭的悲哀。

10

我無法體會H小姐曾經經歷過的那些貧苦艱難，因為放眼到任何一個貧窮落後的地方都有這樣的故事，我的大學室友小花也是窮地方出來的人，她總是跟我們開玩笑說自己老家的廁所都是漏風的，可是她還是努力考上大學，然後在大城市成為一名財經記者。

可是跟H小姐的這段對話，還是讓我想起了每年開學季SNS上都會流行的那段話，就是作家龍應台告訴自己的兒子安德列為什麼要讀書的經典語錄：

「孩子，我要求你讀書用功，不是因為我要你跟別人比成績，而是因為，我希望你將來會擁有選擇的權利，選擇有意義、有時間的工作，而不是被迫謀生。」

很多時候我們經常抱怨自己的工作太無聊，沒有找到自己喜歡的的工作，所以很不快樂，可是試想很多人甚至連選擇一份工作的能力跟權利都沒有，這何嘗不是一種無可奈何呢？

H小姐說，她從小就恨自己為什麼會出生在這麼窮的家庭裡，可是經過高三那件事情之後，她深深體會到父母的辛苦，她更加感激父母給自己的全力支持，所以即使在如今成家立業的日子裡，她也會為父母的養老生活考慮，不僅如此，還要想辦法讓他們過得開心才是。

這種彼此真誠以待的良性循環，才是家人相處的正確方式吧。

好的家人，真是一種福報，要是還能遇到願意理性的與你商量人生大事的父母，那就更是一種上天砸來的好運了。

之所以感慨這一點，是因為我開始意識到，從來沒有人生來就會做父母這件事，而當父母這個身分又恰恰是不需要經過訓練、通過考試就能擔任的事，**一個人無論是自願還是被迫成為父母，他們都在摸索前行，都在走一步算一步。**

我身邊有同事跟我抱怨過他的媽媽很像個小孩，家裡很多事情他很小的時候就由他做主了，媽媽是個什麼也不願去想去做抉擇的人。

我不知道是因為他媽媽的個性迫使我的同事成熟起來，還是我的同事本來就是個早熟的小孩，所以覺得自己的媽媽很幼稚，這些不過都只是每一個家庭成員之間相處能量的千姿百態而已。

我經常收到這樣的留言，如果自己的原生家庭問題太嚴重怎麼辦？我的建議是，你自己要脫離出來，而且最好盡量不要讓父母干預自己如何養育孩子，這不是孝不孝順的問題，孝順的方式有很多種，可是千萬不能拿著這個名義來綁架自己的平淡幸福。

龍應台還有一段話，「你需要的伴侶，最好是那能夠和你並肩立在船頭，淺斟低唱兩岸風光，同時更能在驚濤駭浪中緊緊握住你的手不放的人，換句話說，最好他本身不是你必須應付的驚濤駭浪。」

這是我藏了很久的一段話，也是我用來判斷自己有沒有選對人的最重要的評價標準，可是這一刻看來，我發現對於家人的評價，這段話也一樣神奇般的契合。

只是無奈的還是那句話，選擇伴侶我們還有試錯的機會，可是面對家人，我們只能認命。

至於怎麼迎接這場或者幸福，或者不那麼好的命運，那得是我們一輩子的功課了，只是你要記住，如果家人不能幫助你，但是至少不要成為你人生路上的牽絆。

家人畢竟是家人，這句話會成就你，也會毀了你。

村上春樹先生說，你要做一個不動聲色的大人了。

嗯，我們也要做一個學會辨明是非，學會做出抉擇的大人了，因為村上還說過，不是所有的魚都會生活在同一片海裡。

對於家人的愛，得之我幸，僅此而已。

克制也是一種情緒

克制不是為了證明自己的大度，
也不是為了用來不做解釋的逃避與懦弱，
而是為了告訴我自己，
克制本身就是一種情緒，
你不能駕馭它，你只能適應它。

01

在我將近三十年的回憶裡，我做過很多衝動的事，可是終究比不過很久以前的一件往事。

我就讀的國中是一所管理嚴格的學校，校規嚴格到我覺得有違人性，大到上課學習時間，小到你的任何生活細節，緊張的情緒無孔不入。

比如夏天穿的短褲短裙不能短過膝蓋以上，不可以帶零食進教室裡，一旦發現有人看色情刊物就要處分，有段時間甚至嚴格到週末的自習室裡如果只有一男一女在讀書，那也是不允許的。

現在回想起來，在那個人人自危的時期，最可怕的不是被老師監督，而是同學之間的彼此監督。

這世界上也只有大人才會想出這樣的辦法，讓每個同學積極的檢舉其他班的同學，這樣可以讓自己的班級評比拿到優秀獎項。

跟我一起從小鎮上考上國中的同學當中，有個很漂亮的女生，我叫她M小姐吧。

M小姐天生一副好皮囊，濃眉大眼是標準配備，重點是皮膚也是吹彈可破，不像我是一臉的青春痘擠壓後的坑坑洞洞。

那一年裡我們看了電視劇《老房有喜》，第一次看到趙薇在裡面燙直了一頭長髮，於是學校裡的女生們都很流行也去美髮院燙直髮。

小地方的消費不貴，加上可能藥水也不會很好，基本上燙一次直髮幾百元★也就夠了，可是那個時候在我眼裡，就是很大的一筆錢了。

有一天我看到M小姐燙了一頭直髮，本身底子就好的人，原本毛毛躁躁的馬尾現在披下來，像極了剛出道的高圓圓。

每天早自習的時候，我遠遠看著遠處的M小姐瘦弱的身影，然後只能在心裡自嘆不如。

02

有一天我跟寢室的女生們聊天，有個女生提了一句，小令你知道嗎？M小姐最近被校長找去談話了，說她過於追求外表，不認真讀書。

★ 本書的幣值皆為新台幣。

我很納悶，可是M小姐的成績一直都很好啊？

嗯，那也是，可是後來我們聽別人說，是你去告狀的。

聽完這一句話，我心裡一驚。

我再問了一句，你們是聽誰說的？

是M小姐自己說的，她從校長辦公室出來，說是校長說有同學反映，投訴她不守規矩，不過她自己也不在意，被訓斥一下就回去上課了。

我跟M小姐雖然在同一個小地方長大，但是很少一起玩耍，因為在我眼裡她一直是被眾星捧月的那個小孩，而我太不起眼，於是自然也不會走到一起。

但是這一次被誤會了以後，我想到的第一件事情不是去跟M小姐對質，因為我心裡的第一個判斷就是，一定是她冤枉了我。

可是當時我太膽小，想不出以牙還牙的報復方法，而且我不擅長吵架，於是我寫了一封很長很長的信給她。

媽的，花了我兩節自習課的時間。

我在信裡一開始就氣勢洶洶的寫道，你不要以為你長得好看就欺負人。

第二句我說，我從來就沒有去老師那裡打你小報告。

本來解釋到這裡，我覺得已經差不多了，可是可能那個時候也是年輕氣盛，我覺得發洩得還不夠。

所以我寫了一些很難聽的話。

M小姐的家境不好，父母都是在菜市場擺攤賣東西的小攤販，我從來沒有去過她家裡，但是聽說他們住在一間很破爛的房子裡，跟弟弟妹妹一家六口人窩在一張大床上。

我在信裡說M小姐是個虛榮至極的女生，父母那麼辛苦的工作賺錢，居然還捨得花錢去燙頭髮，我還罵她每天騙家裡的錢用來買新衣服，就是為了勾引班上的男同學。

我居然還加了一句，你知道你媽媽為什麼會那麼可憐嗎？因為你媽年輕的時候跟你一樣很風騷，後來沒有男人要所以才嫁了你爸這個窮鬼……

我的最後總結就是，你就是個內心骯髒的虛榮女。

這應該是我人生裡第一次理直氣壯的跟人吵架，這跟以前的小孩子鬧彆扭不一樣，我有理有據的拿出所有我能想到的例子，就為了證明她是個壞女孩。

我把這好幾頁的信請另外一個女生交給了M小姐，然後每次下課時間從走廊擦肩而過的時候，我總想從她的表情裡得到一些回應，可是她終究就像沒看見我一樣走過去了。

一直到三年後，她終究沒有給過我任何回應，無論是回信還是言語上的對話，全都沒有。

我只是聽到了一個小細節，跟M小姐同寢的一個女生告訴我，M小姐收到我的那封信之後，第二天中午把幾張紙全部撕碎，然後全扔進垃圾桶裡，而且也沒有跟任何人提起過這件事情。

03

也是狹路相逢，我跟M小姐考上了同一所高中，那天我父母跟她父母還有另外幾個同學的家長一起租了一輛車去新學校報到，一路上有些尷尬，所以我一直不說話。

安頓好我們之後，大人們就要回家了，於是我跟在他們身後走了一段時間，這個時候M小姐已經不在場了，所以我也沒有什麼心理負擔了。

我聽大人們聊天，然後聽到M小姐的媽媽說了一句，這次開學她買了幾套新衣服給M小姐，這也是她長這麼大第一次買新衣服給她。

我很訝異，於是問，可是我以前看到M小姐的衣服都很漂亮啊？

她媽媽大笑，哪有什麼漂不漂亮啊，都是親戚給的衣服，她自己喜歡搭配，每個週末都會在家把衣服洗得很乾淨，然後還用水杯裝一杯熱開水，一點一點把衣服熨平，所以看起來總是像新的。

我於是再問，那她平時花的那些零用錢呢？

M小姐媽媽回答，我從來沒有給過她零用錢，都是過年時候長輩給她的壓歲錢，不管是多是少，那就是她一年的小金庫，她自己會分配好怎麼用，我是沒有這個能力再另外給她零用錢了。

這一刻我突然覺得很羞恥，因為我明白了M小姐一直以來的拮据、難處以及想要把自己打理的好一些，以便讓別的同學不會看不起自己的那份小小自尊。

我很想去跟M小姐道歉，可是終究開不了口，我試過想寫信再一次道歉，但是總覺得三年過去了，我再提這個舊傷疤對她也是一種刺激。

說穿了，我就是膽小，於是找個藉口把這件事情讓自己從心裡敷衍過去。

後來考上大學的時候，M小姐的父母辦了很大一場流水席，慶祝自己的孩子考上了大學，也邀請了我的父母，還有周圍的親朋好友。

我聽到了身邊幾個同學在議論，你看M小姐，又不是考上很厲害的大學，有必要這麼興師動眾嗎？家裡已經這麼窮了，為什麼要打腫臉充胖子呢？

這一次我不再參與他們的對話，我請我媽包一個大紅包，然後送到M小姐家去。

三年過去，我已經不再是當年那個衝動的小孩了，我知道身在一個普通家庭中，出了一個讀書有些許成就的孩子，這對於她的家人而言，就是一份無上的榮耀。

他們已經在自己力所能及的努力裡，做到了最好。

這句話是我後來很多年以後才敢說出來的，因為我是到了後來才知道，當年的M小姐，每個週末回家要幫父母去菜市場賣菜，回家寫作業沒有書桌，就是在一張小凳子上完成了。

還有她後來上大學以後做了很多的兼職打工，就是為了讓自己的弟弟妹妹的零用錢多一些，不要像自己當年那麼自卑。

我至今不知道當年說是我向老師檢舉M小姐的人是誰，但是我把所有的一切都怪到了M小姐身上，而且惡言相向的程度，完全超過了原來那個小誤會對我造成的傷害。

那個時候的我在寫信的那個夜裡很爽很解氣，可是第二天把信送出去的第一秒，其實我就在後悔了。可是我愛面子，我不敢把信追回來。

經過這一件小事，後來的時光裡我在回應事情或者表達自己態度的時候，我總會第一時間先在心裡告訴自己，他總是有自己的理由的，我先觀望了解一下再說。

04

曾經有一段時間，我差點被那個你弱你有理的價值觀綁架了，可是如今我終於可以告訴自己，這個「你什麼錯都沒有，你只是太弱了」的觀點是不成立的。

有些事情不發生在你身上，你不知道它有多沉重。

在我從小到大的同學裡，有人很小的時候父母就不在了，於是他跟著奶奶長大，後來成為一個小混混。

周圍的大人惋惜、批評甚至開始討厭他，但是他從來都不覺得羞恥，因為他的童年真的很糟糕，這樣的結果是理所當然的。要是成為一個有出息的孩子，那才是怪事一樁。

還有一個女生小顏的母親在她很小的時候罹患了尿毒症，肚子腫起來一大塊，每天都需要有人在床邊照顧。

我至今都記得有一年過年我們幾個小學同學一起打撲克牌，她待了半個小時就走了，我們一群人怎麼挽留她也不願意，後來差點吵起來，我們責怪她很無趣。

後來當我考上大學的時候，傳來一個消息說她的母親去世了，因為跟我家是遠房親戚，我媽有去參加葬禮。

回來的時候我媽說了一句，小顏太可憐了，瘦弱的身子，手上都是繭，比大人的還蒼老。

小顏小學畢業那年就不上學去打零工了，因為父親要工作才有醫藥費，她守候自己的母親直至去世，然後去外地工作，從那以後我再也沒有見過她。

有次看藝人鄧超的採訪，他說自己成長於一個組合家庭，自己的父親跟繼母帶過來的孩子生活在一起。

每次小孩調皮的時候，兩個大人都只能拿各自的小孩來出氣，加上他是男孩，於是他永遠是被打的那一個。

打得真是狠啊！即使是幽默搞笑的他，說到這一段的時候，眼神裡還是閃爍了一下。

在歷史劇《大明宮詞》中飾演少年太平公主的周迅，當年被評為金鷹獎觀眾最喜愛的女演員。

後來的新聞報導說，因為當時的贊助商是奧迪，主辦單位在頒發獎盃和證書之外還獎勵了周迅一輛奧迪，結果領獎下臺後周迅把花、獎盃、證書都塞給助理，自己就死死抓著車鑰匙。

周迅說過自己的家境不好，沒有上過大學，一開始也當過月曆模特兒，可想而知，這輛車對於當年的她來說，太太重要了。

幸福的人生都是相似的，而不幸的人生卻是千姿百態。

這就是我如今為什麼不敢妄加判斷，一個人在做一件事情的出發點對錯與否。

我再也不敢輕易鼓勵一些人，這些難處你咬咬牙就可以挺過去了，要知道那可是深入骨髓，滲透到每一日每一刻呼吸中的人生艱難啊！

我無法感同身受，所以我不配真的理解另一個人的成長經歷。

在我的大學生活裡，那些為了爭取一個獎學金或者助學金而鬧得不可開交的事情每年都在上演，我知道有人是為了獎項，有人是真的需要那筆錢。

其實我也很需要，但是我選擇了另一種方式，我四年下來跑了四家實習單位，寫了很多很多的稿子，其實說熱愛倒是算不上，可是我真心需要那份收入。

曾經我還為這一份努力付出而被自己感動，可是當有一天我看到一個男生在學生餐廳裡只買了一碗白飯，外加一碗餐廳免費供應的湯就是一餐的時候，我還是被震驚到了。

這個男生曾經參加過一個演講比賽，他提到自己買了火車站票，三天三夜才來學校報到，當時的我居然是當成一個不真實的笑話來聽的。

我聽過一個很成功的創業者的分享影片，他從頭到尾都是在強調自己很幸運，能夠有一個很好的家境出身，自己的智商也高於常人，重要的是他說自己很幸運的出生在了這麼好的一個時代，所以自己的事業才可以這麼成功。

這個世界沒有什麼天大的笑話，只有真實與苦難的人生，如果你沒有經歷過，那是因為你很幸運沒有遇到，但是至少你不能一棍子打死說，你看那個魯蛇，他活該就是個失敗者。

06

我每天都會收到很多留言，有讚美鼓勵以及願意跟我分享故事的話，也有對我不滿甚至討伐的話語，我一開始總是很生氣，為什麼一個人可以在只讀過我的一篇文章，或者甚至沒有看過我的文字的時候就對我如此討伐。

後來我知道了有一個名詞叫做鍵盤酸民，可是這還是不能說服我自己。

直到我開始明白，克制你下一秒脫口而出的衝動批判與戾氣，這本身就是一種美德。

克制不是為了證明自己的大度，也不是為了不做解釋的逃避與懦弱，而是為了告訴我自己，克制本身就是一種情緒，你不能駕馭它，你只能適應它。

對於情緒這樣東西，認真你就輸了，你要把它當成一個跟你一起心跳、呼吸的伴隨者，它總會有任性的那一面跑出來，但是你不能因為這樣就被它所綁架了。

如果你第一時間不知道怎麼處置它，那就讓它冷卻一下，時間會告訴你答案。

至於如何面對這個千瘡百孔的世界，就像趙傳在歌裡唱的，也不過是試著勇敢一點。

他們不以為然的，
是我視如珍寶的

每個人擁有選擇自己生活方式的權利，
無論這種選擇來自於你的喜歡還是迫不得已，
任何另一個人都無法感同身受。

曾看過作家七堇年的一個訪談，她說自己是個喜歡收集黃昏的人，這是她給自己的一個標籤，對她而言，她最喜歡的是黃昏這段時間，這是一個白天和夜晚交接的時段，作家阿乙老師也曾經描述過，黃昏時分能讓你感到生命的蕭索，以及一些時不我待的東西。

我細想了一下，我最喜歡的時段，應該是晴朗天空的夜裡吧，最好是夏日，最好有星星。

我回憶起最近有過的美好夜晚，有去大理旅行時半夜三點起來聽洱海海浪拍打的聲音，我住的民宿頂樓視野很好，我全身舒躺在搖椅上，看著眼前一片灰暗中有些許亮色的海平面，清晨的太陽還未升起，但是已經開始有了金色的亮光撒下海面，星星點點，波光粼粼。

再來是沙溪的夜裡，到了晚上十一點唯一的街道上的小店就關門了，沒有大城市裡的燈紅酒綠，我穿梭在一條條小巷道裡，一直不停的往前走，我叮嚀自己不要回頭，不要試著按原路返回，旅行的意義在於發現新奇，我應該試著突破一下自己。

我經過一家民宿，老闆娘是臺灣人，門口掛著很大一盞燈籠，歡迎客人的黑板上就寫著一句話，「這裡有正宗的鳳梨飯。」我心裡噗哧一笑，鳳梨飯不是哪裡都有嗎？不過心想著或許老闆娘就是如此任性，或者這裡的鳳梨飯的確就是他們家的招牌呢？

民宿裡傳來歡笑聲，果然就是《康熙來了》裡的臺灣口音，或許很多臺灣遊客也是慕名前來的吧，旅行在外期待每一段驚喜，但是也希望能在他鄉遇上故鄉人，這種熟悉的陌生，也未嘗不是一種生活在他處的體驗呢？

02

沙溪的夜裡很靜，靜得讓人害怕，雖然你知道自己經過的每一家民宿裡都有人在走動在談天，但是這種安靜很難讓人適應，或者說一開始很難適應下來。

北寨門的河流邊上有道小橋，抬頭看就是滿天的繁星，遠處的山上一片漆黑，但是山的輪廓還在，你知道山上那頭居住的白族人家，每個週五的早晨要走六個小時的山路，把自己種植的蔬菜背到市集上來賣，然後在黃昏日落前再走六個小時的山路回家。

我曾經問過自己，這些人每週就賺這一點錢，到底是怎麼活下來的？他們一輩子沒有經歷過夜生活，不覺得寂寞嗎？

但當我聽說我們在宴席上價格貴得嚇人的松露跟松茸，對他們當地人而言，就跟採摘其他蘑菇一樣，一大盆直接炒來吃的時候，我驚訝到半天說不出話。

也是，**他們不以為然的一切，就是我們所視如珍寶的一切**。

可是換成另外一個角度，這本身也是一種山區落後的表現。

讓我難過的是，身為遊客，我們有得選，待久了就可以抽身離開，但是他們沒得選，他們可能習慣了這樣的生活，有時想想「習慣」這個詞彙是個好東西，給人撫慰，更給人安全感。

可是終歸思考到最後，我都會告訴自己，**每個人擁有選擇自己生活方式的權利，無論這種選擇來自於你的喜歡還是迫不得已，任何另一個人都無法感同身受。**

我不記得那天夜裡我走了多遠的路，也不記得了原來的路，我就任憑自己隨意亂撞，在交錯的小巷裡尋找我自己住的那家民宿附近的標的物，然後慢慢靠近，看到熟悉的那棵榕樹的時候，我心裡的石頭也落地了。

民宿守門的女生叫小蝶，高中畢業就開始幫家裡做農務了，非農忙的時候她就會來這家民宿打工，她在民宿大廳裡整理桌布，看見我的身影，既是高興又有點生氣，嘴裡嘟囔著，你怎麼這麼晚才回來？

我去看星星啊！

星星有什麼好看的？這裡一年四季都有。

可是我要是離開了就不能常看到了！

小蝶沖了杯玫瑰花茶給我，然後說，你下次不要這麼晚了才回來，我要一直等你回來才能鎖門。

我說，那要是有別的客人大半夜才回來怎麼辦呢？

小蝶說，很少有客人會這樣，他們要麼直接出去露宿，要麼白天玩夠了就回來休息了，我們這裡晚上很安靜，也沒有什麼娛樂的去處，客人早就受不了就回來睡覺了。

04

小蝶最近有些悶悶不樂，她交了一個男朋友，男生也是本地人，可是男生遲遲不肯向她們家提親，所以她害怕他不喜歡她了。

我安慰小蝶，你們可以先談戀愛，然後再說結婚的事，這兩者是沒有衝突的。

小蝶立刻反駁，這怎麼可以！喜歡一個人，就要正式的告訴別人他願意跟我在一起，而且我們結了婚之後也是可以談戀愛的嘛！

我問小蝶，可是你怎麼就能保證他就是你要找的那一個對的人呢？

小蝶說，我自己很用心，我也看得出他也很用心，這個小地方都是熟人，我們也不會離開這裡去別的地方生活，找個合適的人相守到老就是了。

我不再吭聲。

幾天後，小蝶高興的告訴我，她的男朋友家人那邊過來傳話了，說今年農忙男生會去她家。

忘了說了，這裡的傳統是，男生準備向女方提親之前，會去女方家幫忙農務，時間從一週到三個月不定，基本上就是等到自己的準岳父準岳母滿意了，男生就可以回家準備提親了。

用現在的話來說，這也應該算是試婚了吧，只不過是這不是兩個人之間的試婚，而是適應一個家庭節奏的試婚了。

聽當年剛出道的孫燕姿唱那首〈天黑黑〉，我愛上讓我奮不顧身的一個人，我以為這就是我所追求的世界，然而橫衝直撞，被誤解被騙，是否成人的世界背後總有殘缺？

那一夜我想起小蝶，她也不過是這時間千千萬萬中女生的一個，她一樣有自己的情竇初開，一樣有自己對愛情的嚮往，她的期待也不過是大部分女人最想要的歸宿，擇一人而終老。

這首歌的前奏「天黑黑，欲落雨……」每次響起的時候，我也總會想起夏日的午後，小時候在外婆家過暑假，屋子門前曬著剛收割回來的稻穀，每個下午我都被吩咐要在門外守著，只要看到遠處開始有烏雲，我就要開始大喊「要下大雨啦——」然後所有的人都會出動，把稻穀掃成堆，鏟進竹簍。

滿頭大汗的外婆一家人總是有條不紊的忙碌著，有時候就在最後一顆稻穀收起來的時候傾盆大雨就下來了，雷聲轟鳴，伴隨著清爽襲來。

可是有時候就是烏雲到了，整個天空都昏沉下來了，卻半滴雨點都沒有，大人們觀望著烏雲下去，然後做決定說，這一場雨是真下不來了，可以開曬了。

於是大夥又把剛剛收進屋裡的稻穀重新搬出來，倒地，鋪開，翻曬。

知了聲聲，他們汗如雨下，我光著腳丫坐在地上，逗那隻前幾天在山上抓到的會唱歌的畫眉鳥。

05

我的閨密L小姐每兩個週末會來找我，每到週日的時候她總是感嘆著時間過得太快，即使是這樣她也總是陪我吃了晚飯，在夜裡八九點甚至是十點的時候，才趕去火車站坐車回去。

有天夜裡她要回去的時候已經是凌晨十二點了，她那天不知道怎麼的，突然不想搭計程車，然後上了夜間巴士，不慌不忙的看著公車一站站的停車，開門，關門，車裡三五個人，安靜的聽著歌或者看書。

她說這是她第一次這麼認真的看著這個城市的夜晚，「即使燈火通明，不會讓你有太多的不安全感，但是比起白天的喧囂，此刻我的心裡卻是安靜無比，甚至有一種賺來的歡喜。」L小姐說。

我的另一個閨密W小姐在另一個大城市工作，她大部分是替上市公司做審計，遇到很忙的專案季節，工作到凌晨三四點是常事。

她有一個習慣，每到夜裡十一點的時候，她就會到辦公大樓的落地窗附近，看著四十層樓下的車水馬龍，這個城市的巨大蒼穹下，有一種道不出的寂寞與荒涼，即使她身後有無數同事吵鬧著會議討論，吵鬧著這一次可以多拿一點獎金，明年要是能出國旅行就好了……她總是會讓自己放空三十秒，而後瞬間回到現實中，然後繼續走回辦公室，埋頭苦幹。

有天半夜我給她看日本藝術家奈良美智在東京郊外的工作室，這是他在真實世界中最心愛的小房子，工作室有一扇很大的窗，窗外的風景一年四季分明，堪比一幅美得不真實的畫。

W小姐說，他們那裡也有這樣的創意園工作室，一間間也很美，要是什麼時候她的工作窗外不再是冰冷的城市燈光，也能有這麼些生動的畫面就好了。

嗯，會有那麼一天的，我回覆道。

夜晚對於喜歡思考的人來說，是極其有安全感的，我看過很多文字工作者或者藝術家的訪談，基本上工作時間就是黑白顛倒，尤其是這個網路資訊時代，只有到了夜裡手機不再傳來提示鈴聲，才開始進入自己的創作時間。

我一直認為人的感知時段是不同的。曾經有段時間我的SNS上有人每個週末都會在清晨去爬山，然後發很美的清晨風景照給我看，我很羨慕，於是也試著早起去紅樹林散步慢跑，那天六點起來收拾行囊準備出門，結果過了一上午後頭昏腦漲，差點要嘔吐出來。

我為自己找了一個理由，是我的生理時鐘還沒有調節好，於是我試著接連一陣子都如此，可是結果是我並沒有覺得比以前更有精神了，因為我有一種內在的抗拒，我不適應這樣的清晨，或者說不適應這種下一刻就開始人聲鼎沸的忙碌生活，公車鳴笛，行人趕路，我內心生出一種萬分的不安全感。

算了，我還是把時間留給了夜裡，加班的時候回家洗漱過後，就到我的工作臺上打開音樂，時間充足的夜晚也會看一場電影然後安排接下來的看書、寫文章的狀態，這樣的夜晚很靜，靜到我開始享受這樣的孤獨，而後漸漸成了習慣。

白天的我總走在每天必須面對的分岔路，而夜裡時分的我，懷念起過去單純美好的小幸福時刻，也會不經意嘴角蕩起微笑。

每個人都有讓自己舒服的階段時刻，集中自己的精力在自己最舒服的時間，或者是安排學習思考，或者是跟知心好友聊天，這種收穫的回饋感有可能是事半功倍的，你要做的只是尋找到它，然後好好用它就是了。

總有晴天，總有日落，願你也能找到讓自己最舒服的小時段。

體諒也是一種善意

年紀越大，我越知道取悅自己的珍貴，
也更加知道，我對吃東西還有食慾，
對追求美有慾望，對喜歡的人有慾望，
對自己將來想過上好日子還有慾望，
這種慾望的動力太難，尤其是在這個麻木的世界裡。

我的SNS裡有很多賣各種東西的人，一開始我總是把那些每天洗版各種廣告，而且我並不熟悉的人全部都封鎖刪除了，可是直到最近，和我關係很好的朋友也開始洗版賣東西，我居然開始願意思考一下這件事情了。

小七是我上一份工作裡關係很好的同事，我是後來才知道她原來是我們公司甚至是我身邊數一數二的富家千金，父親當年做進口車生意起家，她幼稚園的時候就坐林肯★去上學了，她現在住在知名的豪華社區裡，鄰居就是我們公司的大老闆。

可是就是這樣一個女生，性格好得出奇，知書達理，說話溫柔，而且居然在SNS上賣起了保養品。有段時間她向我請教怎麼寫文案，我一問之下才知道她即使每天只賣出一支洗面乳，可以賺個幾塊錢她就開心得不得了。

當然她不靠這件事情養活自己，她只是很享受那種自己賺到額外收入的感覺，即使我們身邊這些比她貧困不知道多少倍的人經常取笑她，這點小錢你也要賺？每次她總是理直氣壯的反駁，這點錢就不是錢了嗎？

後來有一天我意識到了，原來我們才是見識短淺的人，她從小到大衣食無憂，好的家教也樹立了她健康而正確的金錢觀，她從來不會因為自己賺那麼一點錢而感到羞愧，她很享受這個過程當中的成就感。

也是，我終於知道為什麼她的父親如此有經商頭腦，如今對她而言也不過是耳濡目染而已，小時候看電視劇聽過一首歌就叫〈金錢歌〉，歌詞很俗可是真的很對，「一塊塊的攢，一把把的賺啊，取之有道，用之有方，金錢不負咱。」一針一線，可是我們這些俗人，卻永遠不願意從一點點錢賺起。

02

第二個故事也是我的前同事，她叫點點。

點點是跟我同一年大學畢業進公司的，工作第二年後她就跳槽了，說是找到了更好的工作，有一天她在SNS上發了一家蛋糕店的廣告，而後洗版了很長一段時間。

後來我才知道，點點上大學的時候，她爸媽就在附近開了一間小店做些小生

★ 林肯汽車（Lincoln）：是福特汽車旗下汽車品牌中的高級品牌，以寬底盤和諸多豪華內裝和加長版聞名於世。

意，後來點點畢業後開始上班了，父母也跟著搬來，開了一家蛋糕店。

到了今年，點點在SNS上做起了代購，於是她又開始了每天一大波洗版的節奏。

這一次，我沒有把點點封鎖刪除，我只是悄悄設定不看她的發文，這就夠了。點點跟她的家人，也不過是為了能生活在一起，然後過得更好罷了。

03

其實做網路賣家這件事情，我從來沒有什麼大意見，我自己夠理性，從來不會買沒聽說過的面膜或者化妝品，減肥藥跟保健品更是我謹慎的地雷區，至於那些名牌包包的A貨，也是看個人的需求，我不需要混上流圈，我不需要當白富美，所以這些大大的名牌LOGO的東西對我而言沒有太大的誘惑。

網拍小店如今之所以遭到那麼多人詬病，完全是被很多人做爛的。展示照的品質之爛，模特兒難看加上誇張的修圖，還有噁心至極的文案，這些都是讓人反感的原因。

我的SNS裡有一個自己開服裝工作室的女生，她只做少量的幾款衣服，每次都是自己當模特兒，拍出來的照片漂亮而真實，然後告訴你這一次的布料是從哪裡來的，建議的搭配方式是什麼。

剩下的時間，她會在SNS上發她做的早餐跟晚飯，舉辦讀書會，分享最近的一些好文章，還有發起一些女生比較喜歡的話題，比如說戀愛故事、職場故事、閨密故事，她把這些故事整理出來，然後送禮物給最受歡迎的故事的留言者。

我從來沒封鎖過她的SNS，她不會自誇自己的衣服有多好，她只是一天分享一張穿著她家衣服的女生的圖片到SNS上，僅此而已。

同樣是在SNS上做生意，連我這麼挑剔的人，她都做出了一種讓我不但不討厭，甚至還有些喜歡的感覺。

也是因為這樣，我如今對於那些在SNS做買賣的朋友，我的底線是只要你不要私訊給我煩擾到我就行，因為將心比心，萬一哪一天我自己突然想做點小生意了，說不定第一批受眾還要拜託這些萬能的SNS好友。

每個人都不容易，只要把握好平衡就好。

我住的樓下附近有一家做紙盒包裝生產的小店，以前每次下樓扔垃圾，店裡的阿姨都會有些不好意思開口請求，問我能不能把這些紙箱子給她。

後來的日子裡，我習慣在家裡就把垃圾分類，紙箱跟飲料瓶子，還有上網買東西會有些泡泡包裝紙，這些我都會放在一起。

累積了一段時間之後，我就拿到樓下，放到小店門口，然後說一句「阿姨我放這裡了啊！」就離去上班，不需要等到她出來道謝，我就離開了。

現在三年過去了，我也沒有跟小店的阿姨混得很熟，只是見面總會打個招呼，這也算是我自己喜歡生活的原因之一了。

我的讀者粉絲裡也會有人請我幫忙轉發文章，通常遇到這種事情，我會先過濾一下文章，如果品質不算太差，我也會幫忙寫幾句推薦語然後分享出去。

我自己也是從一個默默無聞的小小帳號經營起來的，我懂得這其中的不容易。

我的大學好友小花現在的工作是負責經營一家金融公司的SNS粉絲專頁，做的也是自媒體的工作，她總是跟我傾訴承受文章點閱率的壓力之大，因為對她而言，一年內要成長一定的粉絲數量，直接關係著她的績效考核跟年終獎金。

從這點上來說，我經營著自己這麼一個純粹愛好使然的小帳號，還要有另外一份工作養活我自己，我知道一邊為了生計，一邊堅持自己一丁點夢想的不易，所以也加倍珍惜。

還有做房地產的同學向我諮詢怎麼寫文案，我說如果房子要賣給土豪，那麼不用包裝也能秒賣出去，但是如果要賣給普通的消費者，華而不實的文字，遠遠比不上寫一個真實的體驗式文案要來得有效。

同學問我什麼是真實，我說應該是柴米油鹽吧，這也是我為什麼經常喜歡去菜市場的原因。

我手上拎一個小袋子，去一排排攤位上跟攤商老闆聊天，挑最新鮮的青菜，他們送我一把蔥跟幾根辣椒，再去接過豬肉攤上找回來的散發著油膩的零錢。

賣魚攤位上有個蘿莉女孩，看起來柔弱無力，可是每次我走到她前面還沒有出聲，她就記得我是來買魚頭的，於是撈起一條大魚「啪！」的往地上一摔，木棍一捶，然後雙手把魚拖到砧板上大刀一剁，把魚頭割開一半，稱斤裝袋。

我還沒來得及反應過來，身上早就濺了一身的血水還有魚腥味。

這就是去菜市場的經歷，無論你前一刻在辦公室裡多麼得體優雅，這個地方會把你所有的裝模作樣和姿態，都碾壓得蕩然無存。

06

記得以前在大學的時候，因為太喜歡新聞，太想成為一名鐵肩擔道義的記者，可是實習之後卻讓我發現，現實世界不是這樣子的，於是我就不願意做記者了。

如果不能得到喜歡的部分，那勉強來的，不要也罷。

可是讓我無奈的是，倒是那些大學裡毫無心思置身於新聞領域的同學，大部分都出來當了記者，因為整體上來說報社是穩定舒服的，壓力也沒有那麼大。

曾經我很瞧不起他們，可是後來我才知道，是我自己不夠成熟而已。因為對他們而言，那也先只是一份工作而已。

如今我不再談新聞理想，也開始慢慢和自己曾經放不下的過去和解，我也不會再計較我的那些同學如此荒廢新聞產業這件事，因為我自己都沒有資格說我活出了理想中的自己這句話。

我們都是渺小的個體，養活自己已經足夠艱難，而且現在的資訊時代，選擇很多，那些好的媒體以及好的文章，終究會吸引我去觀看，至於不好的那些雜亂報導資訊，自動過濾掉就是了。

把情緒放在質疑、批評、討伐甚至鄙視某種社會現象中，有時候只會徒增自己對這個社會的怨氣，而且最後也根本沒有解決問題。

07

我很捨得花錢。

為了去外地見一個好朋友，為了一個想認識的長輩，會去挑一家好的餐廳；為了每天吃一個不便宜的酪梨，我總是一打一打的買回家；心血來潮突然想看一場電影，我就搭計程車趕去電影院；心情不好的時候，我寧可花買一件衣服的錢去買一個提拉米蘇。

我一直有贊助我喜歡的一個創業者的文章，有時候贊助的錢比我自己一天收到的贊助還多，後來我有了他的SNS，開始向他請教很多我自己暫時還解不透的問題。

年紀越大，我越知道取悅自己的珍貴，也更加知道，我對吃東西還有食慾、對追求美有慾望，對喜歡的人有慾望，對自己將來想過上好日子還有慾望，這種慾望的動力太難，尤其是在這個麻木的世界裡。

可是我也很省錢。

我週末在家吃飯，買五百元的菜可以做出很多的大餐；我每次出門都會自己帶一罐水，我很少會讓自己陷入那種到了電影院才感覺口渴，然後不得不臨時花更貴的錢去買飲料的狀況，當然了如果我突然想吃爆米花套餐那就另當別論。

買家裡的生活用品，我永遠都在品質合適的情況下，等到活動打折時批發一堆回來，朋友總叫我批發姐，什麼都要萬事俱備，因為我永遠不是那種想到什麼才去買什麼的人，包括衣服在內，我永遠不會覺得自己是缺衣服穿的那一種人。

每個人都是努力生活的人，身為一個在小地方長大，有過艱難生活的我而言，我明白透過付出自己的勞動賺錢是一件多麼理直氣壯的事情。

一旦你知道每個人都在為了生存而努力，或許你的憤世嫉俗會少一些，你的不屑一顧也會少一些，我家樓下擺水果攤的那個大叔，你不知道遇上下雨天的時候，他有多憂愁，因為都沒有人出現在街上；而天氣太熱的時候，他又有多憂愁，因為水果很容易就壞掉了。

體諒本身就是一種善意，即使我們做不了慈善家拯救別人，但是至少我們可以選擇不去討伐，更不要去看不起別人，因為至少他在努力的活著啊！難道我們不都是得先活下去，然後才是思考如何生活以及生活得更好這件事嗎？

每個認真生活的人，都值得被認真對待。

你高興就好

你可以選擇自己喜歡的任何方式去生活，
前提是不要讓任何人為你買單。

最近看到一則熱門新聞，一位年輕爸爸決定賣掉自己價值近千萬的房子跟公司的股份，買一輛價值一百五十萬左右的房車，計畫用五年時間帶女兒環遊世界，上演一場現實中的「爸爸去哪兒」。

這則新聞被很多媒體推上了「暖心新聞」系列，也是因為基於當下的社會現狀，太多孩子的成長過程其實都缺少了父母的參與，可能對於他們而言自己的父母也不過是一個普通的親人而已，所以這個新聞的故事出來，「再不陪她她就長大了」這份感慨還是難免讓人觸動的。

可是在網路世界裡，每個人都有自主發言權，我看到的大部分的留言，都在糾結於「前提是你得有房子」以及「兩年後賣出去的房子升值兩倍，小孩子到了上學的年紀，可是因為沒有學區房，於是只能去讀菜市場附近的小學」，以及還有討論的主題集中在於，孩子年紀這麼小，是否能夠感受到環遊世界的意義？

我想起之前看過一集綜藝節目《今晚80後脫口秀》，主持人王自健做了一次實驗，就是找幾個觀眾上臺，第一個人隨意說起一個話題，然後分別經過幾個人的一一傳達，看看最後一位聽眾得到的資訊跟第一位的差距有多大，其實就想證明口耳相傳這件事情的扭曲作用有多大。

果不其然，最一開始說的故事，是一個男生很喜歡唱歌，後來他談戀愛了，然後成為歌手，開了一家酒吧，很充實的過著自己日子。

可是到了最後一個人描述的故事裡，就變成了一個男生喜歡唱歌，然後談戀愛了，然後失戀了，然後又談戀愛了，最後他結婚了，因為長期坐在錄音棚裡做音樂，人也發福了。

透過這六個人之間的當場詮釋，我感受到了八卦的力量之可怕，而這其中最關鍵的一環就是，中間有個觀眾把這個男生談戀愛的故事變成了一個已婚男的故事。

在被問到為什麼這麼想的時候，他回答說，因為我覺得人只要談戀愛了，就應該要結婚了啊，這很正常不是嗎？

人與人的價值觀差距之大，又一次讓我咋舌。

我開始意識到，我們總是習慣把自己接受到的資訊，透過再加工，摻入自己所理解的價值觀，然後再將其傳達出去，並且這個過程你自己是無意識的，所以你覺得不存在對錯之分，於是當我們聽到一件事情或者聽到一個人的評價時，可能早就跟真相的本源相差得面目全非了。

回到前面的這個新聞本身，我一開始也被這份暖心的雞湯標題感動，而後又陷入很多他人的負面評價的漩渦中，後來我發現這兩種想法對我而言都沒什麼用，所以我試著用第三種想法去理解這件事情。

一是這個年輕爸爸，在大城市擁有一間房以及公司的股份，按照常理的評判標準，他已經算是同輩中比較優秀的一個，他之所以有如此成果，想必也不是情商會低到衝動處事的人，所以他的這個決定想必也是經過深思熟慮的。

二是既然經過深思熟慮，那麼必然跟那些一無所有，純粹為了詩和遠方而窮遊的文青的出發點不同，他或許早就在環遊五年之後關於自己的發展，以及女兒上學等問題的規劃，有一個大概的預備方案。

三是他對自己人生事項的輕重緩和有著自己的評判標準，對於他自己而言，他不僅僅意識到陪伴孩子的重要性，而且也開始去執行這件事情。

所以即使有人擔心年紀很小的女兒感受不到環遊世界的意義所在，但是當她成長之後，透過這五年的影像文字資料，知道她自己的父親在當年做出了這麼一個舉動，我覺得在這個女兒成長的價值觀養成過程中，想必也會讓她成為一個身心健康的快樂女孩。

畢竟她父親所做所為的榜樣已經擺在那裡了，有什麼事情比身體力行更能讓孩子耳濡目染呢？

四是有人說，可能這位父親回來後和職場脫節，就業出現問題。

在我看到的新聞資訊中，這位父親在大城市打拚十餘年，開了一家公司，他即使算不上是大富大貴厲害的人，可是身為一個老闆的角色，起碼說明他已經不是純粹處於食物鏈最底端了。

據說這位父親從事兒童活動企劃的行業，而在環遊世界的過程中，他說自己也會尋找商機，遇到很好的專案都會收集起來，至今為止這一路上他說認識了一百多名陌生人，也都成了很好的朋友。

這就是我想表達的，在我的思考裡，除非是那種專門的技術職業，需要不停的透過重複訓練來保持自己的技藝，否則如果是其他的行業領域，生存的本領，思考的格局以及賺錢的思維，要比技能是否會生疏這件事情重要的多。

五是最後一點，就是很多人酸的，「前提是你得有房子」，這就回歸到本質了，這個世間有能力的人，一旦自己可以在解決基本的生存問題之外，人生還有其他活法的選擇，那麼當然可以理所當然的按自己的意願去做決定。

這就像很多人的消費觀不同是一樣的道理，有女生為了一個包包或者一雙鞋子，可以省吃儉用很久，有男生為了喜歡的模型，將大部分收入都消耗在上面了，有人對吃的很在意，有人覺得吃的方面可以將就，但是一定要有旅行生活。

你對於生活事物的不同重視程度，決定了你的理財觀，也在一定程度上決定了生活的快樂程度，這就是為什麼有女生跟我抱怨自己的男友花很多錢購買遊戲裝備，而自己出去旅行要挑一家還不錯的飯店時，男友卻會覺得非常無法理解。

這不是他不夠愛你，也不是他愛自己多過於愛你，而是因為他有在意的部分，你也同樣，你們需要磨合的不是感情誰比誰付出得多一些，而是如何接受彼此的金錢觀，以及延伸到其他方面的價值觀，僅此而已。

我身邊的朋友也有著不同的理財觀念，有一開始很早就成為房奴的同事，每個月薪資稍微晚一天發放就會忐忑不安，也有講究生活品質的人，堅決不做房奴，要租好的房子、選擇好的社區，讓自己住的舒服。

以前我也會有這樣的疑問，如果他們不買房，那麼以後結婚生孩子了怎麼辦？可是後來我覺得自己沒有資格問這個問題，因為每一種選擇承擔後果的人，是他自己而已，這跟我自己沒有什麼關係，我也不應該拿著「為你擔憂」的出發點來評論你。

我能夠做的，就是綜合身邊的人所作出的抉擇，當作給自己的參考，然後為自己整理出一個適合我本身實際的生活方案，這才是最準確的思考方式。

03

前陣子有個女生向我借錢，仔細問了一下才知道，她的先生最近辭職了，正在家裡待業，而且不打算馬上找工作。

她的先生是HR，職涯規劃是往人力資源的高層去發展，因為非常喜歡歷史學科，覺得歷史故事對於自己從事HR的工作有參考的價值。

我問了一下女生，你先生打算在家待業多久？

女生回答說，三年。

我問，為什麼是這個數字？

她回答說，他就想在家累積自己的知識，多看一些專業書籍還有歷史書，然後三年後找一份人力資源總監的工作。

我直接回答，他窩在家裡閉關三年，一復出就要這樣一個高要求的職缺，誰會給你呢？而且重要的是，一個社會人士所需的知識，有時候職場實戰中的經驗要比你所謂的研究學術知識重要多了不是嗎？

女生面露難色，果然她最後向我傾訴，我也是這麼跟我先生溝通的，可是他卻反過來說我不支持他……

我問，那你們現在是什麼狀況？

女生回答，家裡去年幫忙出頭期款買了一間房子，但是已經無力為他們還房貸，她一個月的薪資剛好夠還房貸，這個月他先生沒了工作，生活費就成了問題……

聽完這一段之後，我直接回絕了這個女生，我不會借錢給你。

女生很委屈。

我說，我幫助別人的原則，一是急需救濟比如資金周轉，比如突然疾病來襲，或者家人有困難。

二是我會投資那些我覺得值得投資的人，或者是創業初期的困難，或者是暫時待業需要幫助的上進朋友，我在這些人身上看得到可以信任的還錢規劃，以及我覺得他們都是有心奮鬥的努力之人。

但是按照你描述的狀況，你的先生在家待業三年，需要你一個人繳房貸一個人養家，然後支持他的夢想，而他這個夢想只是一個HR高層，到那時候還不一定能馬上達成，我這個錢借出去就是個三年以後的無底洞了，而且你三年的房貸是找朋友替你們買單的，試問又有多少人願意做這個虧本生意呢？

我又補充了一句，這個跟李安的夫人支持她先生的電影夢是絕對不一樣的，這個投資報酬率太不划算了。

說完這番話，我本來以為女生朋友會氣急敗壞的要喊著跟我絕交，但是她居然沒有任何要生氣的意思，反而是發呆了一陣子，我終究沒有問她思考了什麼，總之她離開了。

三個月後，女生發訊息給我，說她先生還是找了一份工作先去上班了，沒辦法，向其他朋友借錢借到第三個月，再也沒有可以求救的人了，她不需要逼她先生，他自己已經知道下個月就沒有收入維持生活了。

04

我的留言裡有很多人跟我說，想去過慢活人生，開一家民宿過此一生。我沒有告訴他們的是，我在旅行路上認識的那些開民宿的主人，無一不是有了很強大的物質跟心理力量支撐之人。

如果說奮鬥有所成之後，看盡世間繁華，於是找一間小店讓自己慢下來，這種選擇叫做真正的靜心之旅，那麼那些因為適應不了社會的殘酷節奏而選擇逃避，於是給自己一個為了所謂的遠方之夢要歸隱山林的理由，我覺得這樣的人，夜裡也不一定是內心世界可以平靜的那一個。

你可以選擇自己喜歡的任何方式去生活，前提是不要讓任何人為你買單，哪怕是你父母，如果他們本來就有條件並且樂意支持你的夢想，那是另外一回事。

同樣的，**當你有了本錢有了選擇的能力，不管你是深思熟慮還是突然想改變當前的生活，嘗試一下生活在別處，你也不必在意任何人的看法和評價，因為只要你高興就好。**

在這個網路時代，這個新聞裡帶女兒環遊世界的父親，說不定在這五年的時光裡，物質上以及精神上的收穫會比想像中還要多。

五年之後，很多人還是鍵盤酸民，還淪陷在日復一日發牢騷的生活中，可是他的世界已經離你越來越遠了。

電影《當幸福來敲門》裡，威爾．史密斯主演的落魄業務員父親對他的兒子說過一句話，當人們做不到一些事情的時候，他們就會對你說你也同樣不能。

你要的一切，終究歸於你自己的選擇和努力，當你想要做些什麼但是不知道如何說服自己的時候，那麼這一切的參考前提就是，你高興就好。

你說的不應該，
是我用盡全力的想望

他不願意用平常的答案，他永遠留第二條路給自己。

他不是為了向別人證明自己多厲害，

因為沒有人會在意你是怎麼解答出來的，

所有人只會在意你最後得了多少分。

01

第二先生是我的國中同學，他就是別人眼裡那個很不乖的孩子。

第二先生的英文成績很差，差到什麼程度呢？一年下來的考試成績，他的分數永遠維持在十分左右，不多不少。

第二先生的數學成績很好，好到什麼程度呢？一年下來的考試成績，他的分數永遠維持在接近滿分的狀態，從來沒有失手過。

02

班導師真操心啊，每天找第二先生談話，叮嚀他各科成績得要平衡發展，這樣才能考上好的高中，才能考上好的大學……

第二先生反問一句，考上大學了那又怎麼？

班導師說不出話。

數學老師很喜歡第二先生，覺得他是個理性思考很優秀的孩子，可是讓數學老師操心的是，第二先生每次在解答考卷最後幾道題目的時候，永遠不按常理出牌。他很執拗，一定要用第二種方法解題，就算再困難，就算每次考試時間到了尾聲，老師總會催促，要不然你先把第一種簡單答案寫出來先交了卷，之後你自己再想第二種解題答案？

第二先生不願意，死死盯著考卷不下筆，可是每一次就當我們都覺得這一次他真的要妥協的時候，他還是把第二種答案想出來了。

漂漂亮亮寫出一列列解題步驟，交出考卷。

幾天後成績下來，第二先生又是滿分。

03

英文老師找第二先生談話，你英文成績這麼差，難道沒想過要努力一下嗎？

我想過，可是真的不喜歡，也無能為力，從小我家裡的經濟環境不好，別說聽英文了，中文的電視節目我都沒看過多少。

每次第二先生提到家裡的狀況，英文老師就不好再往下說了。

第二先生從來不避諱他的家境貧窮這件事情。

父母務農出身，他從小到大看著爸媽在田地裡日出而作日落而息，可是即使是這樣，對於第二先生衣食住行的基本要求，父母也從來沒有讓他缺些什麼。

也是因為這樣，第二先生永遠是個大剌剌的孩子，父母沒有讀書，不能教導他些什麼，於是每次他需要做些什麼事情，只要回去告訴父母一聲，得到的回答就是，我們兩個大人什麼也不懂，你要是覺得想做，那就去做吧。

於是第二先生越來越放肆了。

04

國二那一年，第二先生有一天剃了個光頭到學校。

他說去表哥家看到有人在看DVD，於是跟著看了一部香港電影，叫做《古惑仔》。

第二先生在教室裡眉飛色舞的跟我們講述什麼叫做仗劍走天涯，告訴我們要像「浩南哥」跟「山雞哥」那樣，手持長棍大刀，心懷熱血的大喊「銅鑼灣、旺角都是我們的！」

話語剛落，就有人跑進來朝著第二先生喊，校長叫你到辦公室！

我們周圍一群人轟的全散了。

校長辦公室裡，第二先生的爸媽也被叫過來了，兩個老人尷尬的站在校長以及第二先生的班導師旁邊，低頭不語，滿臉通紅。

校長說，你們家的孩子理了個光頭來學校，這個風氣很不好，你們也不管管嗎？

兩個老人不說話。

校長繼續說，還有你們孩子在家不好好讀書，跑去看電影，還是什麼香港黑幫打架鬥毆，這樣下去孩子遲早會變壞的知道嗎？

第二先生乖乖站在一旁，面無表情，也不出聲。

過了一會，第二先生他爸終於開口了，校長啊，我們倆都是農民，只會耕地種菜，其他什麼也不懂，你們就多幫忙管教吧！

校長很無奈的說，可是你總得讓孩子知道，他這麼做是不對的吧？

老人回答，我也不知道這樣對不對，但是既然事情已經發生了，那就讓孩子把頭髮留長就好了對不對？

校長再也說不出什麼氣勢凌人的話了。

05

後來又發生了第二件小事。

有一天第二先生的寢室有同學的錢不見了，於是告訴了班導師。

或許是因為當時面臨升學季，班導師的壓力很大，加上學校各種繁瑣工作，於是敷衍了那個錢不見的同學一句，這個錢已經丟了就很難找回來了，而且是你自己不小心，我也沒有什麼辦法。

本來以為這件事情就過去了，可是被第二先生知道後，他去了班導師辦公室，要求徹查這件事情。

班導師看到是這個成績不好的怪學生，本想打發幾句就算了，結果哪想到第二先生一字一句大聲的說，我們是學生，丟了錢是我們不小心是我們的錯，最後能不能找回來先不說，可是你不去處理這件事情，那就是你的錯了。

第二先生還說，我們不希望現在認為，你們大人處理問題的方式就是逃避，如果連老師都不能相信，那我們還可以信任誰呢？

班導師是個女老師，她萬萬沒想到眼前的這個學生居然會說出這一番話，她一下子就被氣哭了。

這下好了，事情一鬧又傳到了校長耳朵裡，第二先生的父母又被叫來問話了。依舊是校長氣勢洶洶，第二先生的父母點頭道歉。

這一次校長說一定要處罰才可以，於是第二先生他爸出聲了，要不然我把他帶回家去田裡做幾天農務吧？

校長很訝異，但是也不好回絕，於是也就同意了。

第二先生回家做了幾天農務，然後又回來上學了，一切就像什麼都沒有發生過。

可是從那以後，班導師開始對我們的父母洗腦，要家長勸導我們不要跟第二先生走得太近，「他是個不聽話的孩子，以後一定會變壞的！」每一個大人都如此告誡我們。

06

我們沒有刻意疏遠第二先生，畢竟大部分的時間也都被讀書占據了，可是也擋不住第二先生來招惹我。

說實話，雖然輿論都說他是個壞孩子，可是我打從心底並不討厭第二先生。

他會在上化學實驗課的時候幫我清理實驗器具，我是個看到酒精火都會害怕躲得遠遠的人，所以別說做完整個實驗流程了，我根本沒有辦法完成課堂上老師交代的任務。

每次老師過來查看的時候，第二先生都會馬上站出來說，這是我們一起完成的過程，於是我也得到了一樣的好成績。

第二先生也很調皮，他總是從家裡帶一把還沒有熟的香蕉來學校，再買一個熟透快要爛掉的蘋果，放在同一個塑膠袋裡然後密封包好。

周圍同學總有人嘲笑第二先生，你看那個窮鬼，爛掉的蘋果也要吃！

他也從不回應。

幾天後，第二先生遞給我幾根香蕉，金燦燦的散發著一股香甜，咬上一口真是熟度剛剛好。

我問第二先生，這從哪來的？

就是那天買蘋果回來催熟的啊！

你怎麼知道可以這樣弄呢？

生物課上老師不是說過嗎？

我低頭害羞一笑，我說我自己還真的沒想到。

07

國中畢業，我跟第二先生去了去了不同的高中。

考大學那一年，據說第二先生英文依舊考得很爛，但是還好其他學科成績還不錯，加上數學物理都很出色，整體平均下來，也考上了我們家鄉的學校。

第二先生讀的是生物工程科系，但在那麼落後的大學裡，教學大樓破破爛爛，連實驗室也沒有，第二先生後來告訴我，我都不好意思告訴別人我是研究基因工程這麼厲害的事情。

再一次聽到第二先生的消息，是大二那一年，第二先生要休學了。

整個學校都沸騰了，於是第二先生的父母又一次被叫到校長辦公室，這也是他們第一次從小地方來到市區，而且還是因為這麼丟人的一件事情。

可是還沒等校長開口，第二先生的父親就說，我們已經跟孩子溝通好這件事情了，既然他自己想通並且做了決定，我們也不好說什麼。

本來以為會很熱鬧的一場訓斥大會，結果什麼都沒發生。

第二先生休學的事情傳到了老家，我們這個小鎮上的人一傳十十傳百，家家戶戶都知道了。

鄰居裡有人跟第二先生家裡還有一些親戚關係，他們晚飯後出門散步，看到每個人都說起這一句，這個不中用的孩子，一輩子就這麼毀了，我身為親戚都覺得很丟臉。

第二先生從此成了這個小地方上的怪物，每次誰家有小孩子不聽話，大人們就會拿第二先生出來當例子，你要是敢跟這個哥哥一樣讓人操心不聽話，我現在就趕你出門……

第二先生辦好手續離開大學，到附近的一個家用電器店當送貨員，每天早出晚歸，奔波在這個小鎮上送貨給各家各戶。

08

一年後，第二先生變成了倉庫主管，開始用資料系統化的那套方法來管理倉儲，手下的工人工作量也減輕了很多，大家都對第二先生服服貼貼的。

第三年，第二先生成為我們這個小鎮上的總代理，他跟品牌廠商談價錢，透過不同的季節制定不同的行銷策略，然後根據銷量要來更多的抽成。

第二先生最喜歡的就是跟小鎮上的飯店打交道，因為他們會提前知曉最近有哪家人要辦喜事，他再去要辦婚事或者入宅喜事的人家裡聊天，把對方想要的所有家電數量跟價格規劃出一個總預算，然後再給一個更低的折扣。

根據這樣的訂單，他再回頭去跟家電工廠拿貨，再拿到更低的價格。

半年後，第二先生手下的員工已經有了二十多人。

我們大學畢業那一年，有很多老家的同學因為想留在老家工作，但是公務員的名額有限，所以對於應屆生而言，最好的去處就是這附近最大的家電品牌代理公司了。

也是在這個時候，拿著履歷去應徵的幾個同學才發現，他們的面試官就是當年一起長大的第二先生。

那一陣子第二先生家裡突然多了很多客人，都是家長過來送禮走關係，希望讓自己的孩子可以進到這家公司上班，即使比不上公務員穩定，但是也算體面。

家長們一開始就寒暄道歉，我們當年也是一時情緒，說你拿不到畢業證書沒出息的話，你可別往心裡去啊……

第二先生客客氣氣的安撫好每一個親戚鄰居，然後再一一送走。

轉眼三年過去了，第二先生手下的員工越來越多，有一天他帶著一票同學出去談業務，突然聽到鄰居說了一句，這個世道怎麼了？為什麼當年那些乖巧聽話、成績優秀的同學，全都願意心甘情願的在他手下做事？

每次聽到這樣的議論，我的心裡總想說一句，不過十年河東十年河西罷了。

一個人的領袖魅力，跟他的學歷沒有多直接的關係，這是我在第二先生身上確切體會到的。

09

這個故事本該到這裡結束了，可是再過一陣子，我突然聽到第二先生要辭職了。

跟幾年前大學輟學那一次的議論紛紛不同的是，這一次周遭的態度全是惋惜與不理解。

我問你還是想走體制內這條路嗎？

他說不是，我想帶動我那個村的經濟，讓村民們致富。

他這一句話出來，我竟然有些想笑出來的衝動。

我覺得在如今這個生存艱難的世道裡，把自己的日子過好就已經很不錯了，所以我沒有辦法想像以及接受第二先生突然說出的這個想法。

我問第二先生，你決定了嗎？家人怎麼說？

我父母你知道的，他們從來沒有干預過我，這一次也一樣。

第二先生真的就回去他的村裡了，他的競選宣言就是，我要自己先致富，然後帶動村民一起致富。

因為這五年在小鎮上的工作成績大家都看在眼裡，所以第二先生理所當然的得到了擁護與支持，但是為了安撫原來的那些老村幹部的心情，他沒有直接當村長，他選擇了當副村長。

他說我要做一個執行者，這個位置很適合我，而且在小地方做事情，和長輩的關係還是很重要的，我要把這個權利留給老村長。

就這樣，第二先生在村委會站穩了腳步，村民也願意信任他。

忘了說了，第二先生這個職位的薪資不多，跟以前他的那份知名品牌區域總代理負責人的收入相差很大一截。

這些年村裡的人陸陸續續出去外地工作，家裡的農田都擱置不用了，於是第二先生向鄰居們租下這些空地。

他開始一步步規劃每一塊土地，蔬菜、稻田、水果、茶葉、養豬放羊、雞鴨還有魚塘……根據地勢不同水源不同，把這些都精細的規劃了一遍。

第二先生再返回小鎮上，跟超市的負責人談合作，跟菜市場的負責人協商進駐一個專櫃，全部銷售有機食物。

就這樣，他一個一個小鎮的跑下來，然後再繼續往上一層的市級單位去談合作。

所有的準備工作都差不多了，第二先生需要一筆啟動資金，但是周圍也沒有一個可以拿出大筆投資金額的人可以幫忙。

第二先生想了一個辦法，他把自己從小到大的同學都聯繫了一輪，請大家群眾募資，投資他的那一片山林農田。

也就是說我們投入一筆錢，第二先生安排村民們在田地裡務農，我們的家人就可以享用這個田地裡一年的收穫莊稼以及肉類。

這個方法很有效，他很快就拿到了第一筆資金。

我問第二先生，為什麼你認為會有人願意為你這個比市場上還高的價格買單？

他回答說，我們家鄉的年輕人越來越多，我們的同學中也有很多人留在家鄉工作，他們不敢去大城市冒險，但是又嫌棄自己的家鄉落後，沒有更好更高級的物品可以選擇，既然這樣，那我就創造一種需求出來。

他還說，除了食物，還有農家樂以及田園生活體驗這些服務專案，我接下來也會一一規劃推廣。

這一次，我終於相信第二先生真的不是在做一件不可靠的事情了。

10

幾天前第二先生跟我通電話，告訴我有個同學向他預定了一塊地，用來種植玫瑰花，打算一年後用來求婚用，後來幾天裡，他又陸續收到了好幾筆這樣的訂單。

他很激動的告訴我，我一直在考慮怎樣在有限的土地裡提高產能，所以勢必一定要種植出更特別的東西才行，我一直在思考，一定會有第二種更好的方法，這不就有機會送上門了嘛！

這一刻我的記憶回到十幾年前，那個抓著筆在數學考卷上思考第二種解題方式的男孩，他不願意用平常的答案，他永遠留第二條路給自己。

他不是為了向別人證明自己多厲害，因為沒有人會在意你是怎麼解答出來的，所有人只會在意你最後得了多少分。

但是第二先生不一樣，他享受這個思考過程帶給他的暢快成就感，這是他喜歡的一種學習方式。

再推到後來，第二先生選擇休學，開始在小鎮上累積資金累積人脈，其實最終他的心裡是有一份大夢想的，他真的想造福自己的家鄉，讓跟父母一樣的農民在從事同樣的農活的時候可以有更多的收入。

只是他從來不敢說這份小心思，他只告訴我，因為他覺得沒有人會相信他，他也習慣了從小到大不被理解與信任。

可是他一直有屬於自己的生活經營想法，他選擇了第二條路，而且還真的就走到了這一條大道。

我想起第二先生跟我說過的一件小事。

他在小學的時候有一次過年，父母替家裡刷上新漆，他看到白淨明亮的牆面，於是提出想在上面畫畫。

父母一開始很訝異，可是後來也同意了。

於是他就在牆上畫了一個很大的孫悟空，而且畫得還不錯。

可是因為牆面前方就擺著電視，家裡有客人來了都很不理解，「要是在自己房間也就算了，這個大客廳裡隨便給小孩塗塗畫畫，這多不應該啊！」

第二先生的父母總是笑著回答，沒有什麼應不應該的，孩子喜歡就好。

第二先生告訴我，很多年後他才領悟，當年他父母對自己的包容是多麼的寶貴。

我的父母是農民，他們勤勞幹活，雖然沒知識也沒有大格局，可是他們善良明淨，沒有什麼劣根性。

每一次我闖禍的時候，他們不會因為自己沒有能力管教不了而煩躁，但是也絕

對不會視老師視學校為權威而敬仰，他們的一切出發點就是，只要我自己覺得這是對的，他們就會支持我。

第二先生笑著說，你看我這樣一個家裡又窮學習又不好的魯蛇，可是從小到大我都很有自信，我很少有自卑的時候，因為不管外面的世界別人如何評價我，但是在我父母眼裡，我並不是那個丟臉沒出息的小孩，他們的口頭禪就是，你想好了就去做吧。

我不需要對別人負責，我只需要獲得我最在意的人的認可，而且我很幸運，他們也一直在為我提供一份小小的保護，這份良好的原生家庭價值觀，成為我在後來的日子裡最強大的內在支撐力量。

第二先生的故事就說到這了。

12

有個女生留言問我，是不是一定要去大城市才叫努力奮鬥，留在小城市的人就很失敗沒出息？

我的回答是，這跟你在大城市或者小城市無關，這跟你心裡的那份江湖世界的大小有關。

有所追求的人諸如第二先生，他在大城市闖蕩也會有另外一番成就，因為他是主動往前推進自己的生活的，而不是尋找一堆藉口然後安慰自己我無能為力是對的。

更重要的是，他願意蟄伏忍耐、守候與累積，慢慢把所有的能量集中起來，你所看到他的今天也是走了五年的路，或者說，有可能在我們當年用功讀書只求出來找到一份體面工作的時候，他早就在勾勒他的人生藍圖了。

我不知道第二先生的下一階段會怎樣發展，但是在很多人眼裡，現在的他不再是那個特立獨行的怪異小孩了，而在我眼裡，他從來就不是異類，他就是他那個世界裡的修行者。

英國哲學家羅素說過，參差不齊乃幸福本源。

這世界根本沒有什麼絕對真理和標準，人們只會用自己的主觀經驗，去靠近自

以為是的客觀真相。

你沒有想像中那麼厲害，但是你也沒有想像中那麼糟糕。

人生苦短，誰能與共

如果要我描述閨密這種關係的話，
感覺有點像靈魂伴侶，
就好像你第一次到了一個陌生的房間裡，
卻驚奇的熟悉每一個角落裡的物品擺放，
你可以輕易找出你要的那一樣東西，
這個房間裡有你最喜歡的蠟燭熏香，
也有你最喜歡的那一種花擺在桌上

有個女生問我關於如何跟閨密相處的事情，一直以來我覺得這是一個很小的話題或者就是日常相處的本身，可是每每想起我自己看到關於女性閨密還有姐妹淘的電影時，我心裡還是很有感觸的，這也讓我意識到這件小事其實也並不是簡單的一項人際關係而已。

我以前不知道為什麼身邊的小朋友那麼喜歡看《小時代》系列，可是為了研究一下這件事情，我還是把這幾部電影都看了一遍，除了那些華麗的、不真實的、有些虛幻的劇情之外，幾個女生的友情小細節還是讓我有些感慨的。

我覺得這跟我自己當年看一部韓國電影《陽光姐妹淘》（Sunny）是一樣的，這部電影講的是一群女生曾經是中學的 Sunny 小團體的成員，二十五年後為人婦為人母時再次重逢相聚，尋找屬於那個時代的青春記憶的故事。

故事的結局有些悲傷，有個叫春花的女生因為患了癌症並且只剩下兩個月的時間，也是因為這樣，她的臨終願望就是可以跟當年 Sunny 的其他成員見面，這些成員在這二十五年裡的經歷各自不同，讓人唏噓不已。

春花離開人世之後，把自己的遺產都分給了這幾個姐妹，葬禮上幾個姐妹為春花跳起了當年那一支舞蹈的時候，我一個對於友情戲沒什麼感覺的人也難免笑中帶淚。

今天我在SNS上看到有個女生說，如果我們的故事有進度條，好想拉到最後看看結局如何。

其實我也有過這樣的想法，我希望看看幾十年以後，現在在我身邊的這些人到底是不是我的真心朋友，我也想知道我自己現在經營的這些友情到底值不值得，我想知道因為有了他們跟沒有他們，這兩個選項會造就我的人生差別在哪裡？

可是我是個現實主義者，我說服自己這一點後，我就知道人生不能往後推，我只能站在人生長河的此時此刻，記錄下我自己所正在經歷的這些故事。

在我人生目前不到三十年的歲月裡，能稱得上是閨密的，也只有三個人，至於其他的那些只能說是好朋友而已。

會有人問，你說只有三個閨密，那不會得罪其他的朋友嗎？

其實每個人心裡的定義不一樣，我只能為我心裡衡量的那個標準負責，之所以能夠確定是這三個人，那必定也跟另外的好朋友以及普通朋友不一樣。

我一個個來說。

T小姐跟L小姐和我來自同一個地方，我們是高中同學，三人恰好分到同班還同寢，那個時候因為學業上的壓力，所以沒有思考太多關於我們算不算得上好朋友這個概念，只是會下意識的結伴去吃飯，或者週末假日去校門口吃小吃罷了。

後來大學考試放榜，我到武漢上大學，她們兩個留在廣西讀大學，T小姐讀的是小語種科系，大三去國外實習而後留在當地工作，直到去年才回國工作，L小姐大學畢業後在北京工作，一年之後在我的建議之下回到廣州發展至今。

接著是第三個女主角W小姐，她是我的大學同學，我們不在同一個學院，我們的宿舍大樓隔得很遠，之所以認識，只是因為我們一起進了學校的同一個社團。

過了一陣子我覺得不想繼續待在社團了，有一天下午我跟學姐說要離開，然後到社團辦公室附近草地上的椅子上發呆。

過了一會我發現旁邊的椅子上也坐著一個女生，我們彼此看了一眼，我已經不記得是誰開口先說了那一句，我們是不是在哪見過？

這個女生就是W小姐。

而後我們才知道我們是在同一個社團，但是之前人來人往也記不太清楚，湊巧的是那天下午，W小姐也剛好跟社團負責人說不再參加社團的任何活動了，她前一刻剛從辦公室出來，跟我擦肩而過。

直到今天我回憶起那個下午，天時地利人和只要少了其中一個因素，那必定就不會有我們後來的故事了，所以在之後的歲月裡，我還是對這一份遇見感到很驚訝。

在大學四年的時間裡，我一直把這三個人當成很好的朋友，但是沒有好到人生摯友的程度，因為我自己的價值觀裡對待愛情或者友情這些事情，還沒有足夠清晰的想法。

我跟異地的T小姐和L小姐一直有聯繫，偶爾也會分享學校裡的一些瑣碎，而跟我在同一個校園裡的W小姐，成了我最合適的日常生活小夥伴。

我跟W小姐的相同之處就是喜歡吃江南菜，這也使得我們出去吃飯的時候有了天然不需要磨合的部分，其次就是我們都屬於個子不小的女生，性格內斂低調，所以都喜歡穿深色系以及布料硬挺一點的衣服，於是我們在穿著打扮上也不需要磨合。

除此之外，我跟W小姐的成長背景是天差地別的。

W小姐來自富足小資的家庭，知書達理有教養，我是一個來自小城鎮的土包子，雖然也算善良溫和，但是有太多我沒有見過的世面，我至今也不知道為什麼W小姐不嫌棄我。說實話我是到了大學才開始知道很多有名的餐廳、衣服品牌以及專櫃保養品，而這些耳濡目染都是W小姐帶給我的。

這是我至今感激她的地方，有時候想想幸虧我們只是朋友，而不是需要談戀愛的一對情侶，否則關於成長背景跟價值觀上的磨合，真的會是一個避免不了的問題，還好我們只是姐妹友情，這些就不成大問題了。

我在她面前從來不覺得自卑，因為她也不曾給過我趾高氣揚的感覺，但是我也不會把自己那份內在的自尊心當成是自己的籌碼來要求她照顧我的情緒，她沒有這個義務，所以就是這樣很奇怪的氣場，八竿子打不著的兩個人就走到一起了。

04

大學畢業後，我到深圳工作，W小姐考上了研究所，而後畢業到上海工作。到了這個時候，這三個女生跟我都是各處異地。

工作第一年放假，我回到老家，以前高中同寢的女生提議聚會，我赴約時發現真正到場的人只有T小姐跟L小姐還有另外兩個女生，其他人都有各種藉口說不能來了，於是就剩下幾人聚餐。

而後的第二年、第三年、第四年，每年一次的聚會就漸漸變成了我們三個人。

這裡要插一句，我們幾個人都是從來不參加人數很多的那種同學會，其實一開始沒有刻意，只是很奇怪的，我們都喜歡小場合的聊天，即使只是我們單獨幾人作伴去看望當年的高中老師也覺得開心。我們都不願意參加觥籌交錯的場面，所以後來大家就彼此習慣了。

其實說起來，每年這一次的聚會說簡單也是簡單，可是其實也不容易，我們三人來自不同的小城鎮，交通是一件很不方便的事情，加上我們上班族的過年假期本來就少，今天到親戚家走春、明天招呼來自己家裡的客人，七八天的假期一下子就過去了。

可是即使是這樣，從我們工作第一年開始，彼此就有了默契，每個過年假期的其中兩天時間是留給我們這一次見面的，至於需要處理的其他人際關係行程，我們也絕對會盡力避開。

這件小事讓我第一次意識到，幾個人能夠自發意願達成一個共識，並且每一年都做到了，這份細節足以見證我們對於這份友情的重視，它可以讓我們排除掉其他的日程，每一年的春節假期挑一天到老家的市中心訂一間飯店，然後我們三人聊到天亮。

嗯，這件事情，我們堅持了四個年頭了。

05

然後是W小姐，我進入職場的工作時間比她早，我有的假期時間也比她相對而言多一些，而且也比較早經濟獨立，所以我的原則就是，既然她不方便，那我就去她的城市裡看她。

今年四月份的時候我去找W小姐，其實我們真正待在在一起的時間很短，她的工作很忙，甚至不方便請假，白天她去上班，我在咖啡館裡寫稿，我們只能在夜裡休息的時候聊上幾句。

我要離開上海的那天，我們正式的吃了一頓飯，那也是我們唯一一次可以坐下來邊聊邊吃飯的相聚。

也是這一頓飯，我開始意識到，那些我曾經以為感情不會變淡的朋友，一路從小學到大學，腦海裡出現的面孔，其實不知不覺中，時間跟空間早就把這一切給慢慢慢磨得疏遠了，不管你願不願意承認，可是它就是發生了。

那是我第一次意識到，維持友情，有時候真是一件需要錢的事情，因為錢可以解決空間上的問題，至於時間上的問題，更需要兩個人的成長步伐一致，這樣差距才不會一直拉開以至於越來越遠。

記得去年我看 Ted 很著名的一集演講《20歲光陰不再來》，心理學家梅格．傑伊提到說每個人都有一個「頓悟時刻」，你會意識到二十歲到三十歲這十年的時間，是發展愛情、友情、親情，以及累積工作人脈的非常關鍵時期。

梅格．傑伊透過她自身的經歷向二十多歲的人提出了三點建議：一是多進行探索，增加身分資本；二是不要坐井觀天，多走出自己的舒適圈，加強非同溫層的關係；三是說一個人不能選擇家人，但可以選擇朋友，同時在二十多歲的時候，就要培養感情，為未來的婚姻做準備。

前面兩點其實是我一直在實踐中的事項，可是第三點關於有選擇的去交朋友的觀點，卻讓我有了突然的「頓悟時刻」。

回顧自己前面二十多年的人生，很多朋友都是我被動獲得的，比如說我的同學以及鄰居家一起長大的小孩，我總覺得舊的朋友會離開，新的朋友會進入到你的生命裡，我也開始接受這個邏輯，但是在這一次的「頓悟時刻」裡，我開始問自己，可不可以有一輩子的朋友這件事情？

說也奇怪，幾乎也是從去年開始，我相繼跟這三個女生很嚴肅的探討過人生話題，比如我們想過什麼樣的生活，未來打算如何規劃自己自主獨立而又融合於家庭的關係，這些甚至細節到我們的一些人生清單，那些我們從來不好意思對外人道的所謂夢想，想有一家小店，想到某個國家某個城市住一陣子，或是有一片自己的菜園……這些我們都彼此坦誠交代過。

這些整理下來，我發現即使我跟這第三個人分別有不同的具體人生規劃，但是進一步來到價值觀的層面，我們是驚人的一致的，這個倒推過來也印證了吸引力法則這件事情。

如果說一開始跟這幾個人的友情是因為跟他人漸行漸遠，她們屬於篩選下來的那一部分，那麼後來的日子裡，就是我的經營大過於順其自然了。

我至今也不能準確的描述出閨密友情是一種什麼樣的狀態，就連電視劇當中那些互相爭執過後也會重歸於好的橋段，也從來沒有在我身上發生過，我不是一個喜歡跟別人起衝突的人，如果真的有衝突了，那我心裡一定是對這份友情下了死刑的決定，所以也不會再有重歸於好的可能。

要麼好好相處，要麼從此互不相欠，天涯各自一方，魔羯的人生字典裡，從來就沒有和好如初這個詞語。

如果要我描述閨密這種關係的話，感覺有點像靈魂伴侶，就好比你第一次到了一個陌生的房間裡，可是你卻驚奇的熟悉每一個角落裡的物品擺放，你可以輕易找出你要的那一樣東西，這個房間裡有你最喜歡的蠟燭熏香，也有你最喜歡的那一種花擺在桌上。

這種感覺需要很多年時間的累積，即使在最初的三五年歲月裡，我並沒有意識到這幾個人對我的重要性，但是這並不代表這個過程當中就沒有潛移默化的作用。

很多事情都是需要累積到一個點才會集中爆發出來，然後電光火石那一剎那，我意識到我賺到了這份友情，我需要好好珍惜了，即使後知後覺，但是仍舊來得及。

現在回想起來，高三那一年的某一個週末，T小姐突然拎了一個很大的蛋糕回來，說要替我過生日，因為我以前無意說了一句，我從小到大都沒有過生日的概念，父母也不會刻意為我慶祝。

所以當大家為我唱起生日快樂歌的時候，我的尷尬多過於驚喜。

那也是我人生中經歷過的第一次慶生，我甚至不知道要先許願才吹蠟燭，所以當大家問我許什麼願望的時候，其實我的腦袋是一片空白的，我只是假裝做了一個動作而已。

一切太突然，我來不及消化。

如今想來，那應該是T小姐為我做的第一件家人式的關懷了。

然後是L小姐。

我從畢業第一天開始就不再跟父母要錢了，當時我需要在上班的地方附近租房子，第一個月還沒有收入，身上的錢所剩無幾，我打了一通電話給L小姐，說租屋需要一筆押金。

她當時也只是一個畢業生，所以我並沒有抱太大希望，可是第二天她居然把錢匯給我了，然後丟過來一句，你先好好工作，還錢的事以後再說啊！

錢的事以後再說，這是我人生裡，除了我父母以外第一個跟我說這句話的人，就連家裡的親戚長輩也不曾給過我這樣的答覆。

雖然說談錢很俗，可是正是這個點，我第一次意識到，即使之前我只是把L小姐當成一個很好的朋友，可是對於她而言，或許早就把我當成比好朋友更重要的人了。

關於W小姐，我們見證了大學四年時光裡彼此從幼稚單純各種玻璃心，到內心長出一個勇猛的女漢子的過程，**我們見過彼此最狼狽的時刻，也陪伴過彼此最重要**

的時刻，從這點上來說，這就是最好的友情基礎了。

我是個慢熱的人，也要多謝她們讓我意識到我自己擁有她們足夠幸運這件事情之前，依舊陪伴在我的身邊，直到我自己在某個節點頓悟了，然後我再用我的方式去進行回饋，以及經營這份友誼。

所以如今我能總結出來的幾個友情經營邏輯，大概也就這麼些。

一是需要三觀一致，這一點最重要。

那些說什麼我們喜歡同一個明星，喜歡同一部電影，喜歡同一種打扮風格的小清新友愛之情，並不在我的討論範圍裡。

我所表達的三觀，是我認同的人生態度跟你的一樣，哪怕你嗜辣如命而我蔥蒜不碰，這些小細節也不是根本問題。

二是要有心，更要願意包容彼此，也就是你願意在乎這份友情，而且不需要對方馬上給予回饋，你有自己的耐心去等待，並且願意引導速度稍微慢一點的那個人的步伐。

我跟L小姐性格天差萬別，她是個極度樂觀主義者，我是個敏感至極之人，天知道我們是怎麼熬過來的？

三是要一同進步成長，真心為彼此的進步高興，這跟那種表面上為你祝福，私底下各種嫉妒虛偽的情誼是絕對不一樣的。

第四就是不存在「尷尬」這個詞彙，哪怕我們很多年不曾見面，開口的那一刻也不會尷尬，即使我們待在一起半天不說話，也不需要刻意活躍氣氛，因為這個狀態裡你是舒服的，你也讓對方感到舒服。

第五就還是要賺錢啊！

有錢了我們才能創造機會見面、交流、一起旅行、一起經歷，不要跟我說現在網路或者SNS很方便，有什麼比得上兩個女人躺在一張床上肆意暢聊更美好的畫面呢？

甚至有錢後可以解決彼此在不同時間段的困難，然後才能證明那個「患難見真情」的俗氣真理。

以上這些，缺一不可。

其實放大來看，這些經驗其實跟經營一份感情差不多，可是從我內心深處而言，如果悲觀一些思考，倘若此生我可能不一定能擇一人終老，但是這幾個閨密卻會陪伴我此生，這才是我願意用心去經營的地方。

可能有一個邏輯比較勢利，那就是你可以有選擇的交朋友，因為當你走出校園之後你會發現，你的精力是極其有限的，你所能觸達的人際關係，尤其是相對較有能力的強大人際關係會很少，這個時候你的輕重分配就顯得極為重要了。

還有一個說法就是，與你關係最靠近的六個人，他們綜合發展水準的平均值，差不多就是你能達到的人生狀態，這也是為什麼我們小時候被教育近朱者赤的道理，這個古老的原則還是很有參考意義的。

這麼想來，我發現自己之所以有一部分的強大內心，是因為我在我的這三位閨密身上都看到了相同的影子。

當然我說的選擇，不僅僅只是膚淺的從物質、外貌甚至是一個人當前所處的狀態來判斷一個人值不值得深交，對我而言評判一個人的方式有很多，而且有時候你所重視的人他不一定會馬上給你回饋，你需要有耐心讓自己去嘗試，讓自己慢慢變好，吸引他願意跟你成為朋友，然後再進行下一步，是否有深交的可能。

我身邊總有人說我很幸運，我的愛情跟我最好的友情，都是在學生階段裡收穫到的，這一點是我很感激的，但是我覺得也正是因為那個時候的自己沒有任何的功利心去擁抱每一人，當然我在這個過程也吃過很多虧，但是如今回想起來，整體而言，我的所得要多過於我所失去的部分。

畢竟，人生旅途說的是一輩子，而不僅僅只是當下的某一刻，也更不是要跟別人對比，曬恩愛，秀友情都不是我的調調，我知道自己擁有的太多，所以我都在悄悄保護著這一切，畢竟真正此刻正在擁有的人，誰又捨得告訴別人呢？

我們這樣悲觀主義以及內向的人，即使福報來的晚一些，但是它總會到來的，只要你相信。

《陽光姐妹淘》裡說，有一些人，他們赤腳在你生命中走過，眉眼帶笑，不短暫，也不漫長，卻足以讓你體會幸福，領略痛楚，回憶一生。

而我有幸擁有過，並且仍在擁有著一份漫長友情，也算是沒有遺憾了。

今天這一篇，獻給此刻在廣西的T小姐和在廣州的L小姐，這是我們認識的第十年。

這一篇也要寫給在上海的W小姐，這是我們認識的第八年。

時間這個玩意，真是一晃而過，有時候我討厭它太快，可是我卻愛極了前面這兩個數字。

遇見一個人然後生命全然改變，原來不是戀愛才有的情節。

嗯，是這樣的。

直到對的人來

這跟早晚沒有關係，
如果來得早，這是我的幸運，
但是如果來得比較晚，這也不是我的過錯，
因為可能在千山萬水的另一頭，
他在努力向我走來了。

有個女生請我聊聊關於愛情以及脫離單身的話題。

其實我覺得這個話題的背後，肯定也是跟結婚這件事情脫離不了任何關係，因為如果你只是單純的想知道怎麼搭訕男生或者吸引男生搭訕你，那麼你大可去看所謂兩性專家之類的學習戀愛技巧。

但我不是，我是個喜歡先聽故事，然後再自己琢磨出道理的人，所以我覺得即使今天我是一個單身女生，我也不會按照教科書上的方法讓自己步步為營。

我收到過很多女生的留言，清一色集中在自己的單身問題上。

這些女生會覺得自己年紀不小了，甚至有大學剛畢業的小孩一出校門就開始被逼婚，這件事情甚至比她的就業問題還重要，讓我覺得這是一件很荒唐的事情。而且有時候我自己也忍不住抱怨一句，這樣的父母，你是對自己養育出來的孩子多沒自信，所以才急著隨便找個人來接收就好？

如果說剛畢業就被逼婚的女生屬於迷茫小白兔型的，那麼那些跟我年紀相仿靠近三十，甚至已過三十的女生，那就算得上一個精明的狐狸型了。

我所說的精明以及狐狸這個用詞，並沒有褒貶的意思，我只是覺得很適合表達我接下來想要闡述的。

我來說說如何精明。

我的三個閨密都處於單身狀態，我們每一次談到關於戀愛的問題，也會嚴肅的互相討論，整理出幾個條條框框來。

首先是基本的三觀是一致的。

比如說兩個人打算過平凡安穩的生活，還是選擇比較冒險但是人生成就比較大的生活？

比如說兩個人認為戀愛就是以結婚為前提，還是不婚主義？

又比如說對待父母的態度，對待朋友的態度，以及將來是否養育小孩以及要生幾個小孩的問題。

有些人會問，這些事情有必要在談戀愛的時候就拿到檯面上嗎？

有必要，只是看你的理解方式是什麼。

比如說對待生活的態度，你可以從對方的職業發展跟規劃就能了解，這點在一開始基本上就可以判斷一二了。

再說要判斷一個人有沒有想跟你結婚的意願，很簡單，看他是否願意帶你融入他的社交圈就可以了，如果他從來不帶你去認識他的朋友和家人，那你自己心裡就要有數了。

至於對待他人的態度，這件事情也可以了解幾分。

一個人對於他的父母是否關愛，以何種方式表達出來，這些在生活的細節裡就可知一二，但是這裡有一個特殊情況，很多人是有原生家庭問題的，如果一個人跟自己的父母不是很親近，也並不代表他就是冷漠的。

有些人可能為了走出自己的家庭陰影也在努力中，而這個時候你要判斷他被家庭元素造就的性格劣根性有多深的程度，以及他自己有沒有想要努力糾正的信念。

至於對待朋友，每個人衡量的標準不一樣，但是在大方向上，比如熱情好客，珍重感情，有三五個好友，狐朋狗友的數量很少，而且每一個階段認識朋友的素質越來越高，這從一定程度上反應他本身也正在進步中，而這些資訊都是你可以在日常的相處中慢慢了解的。

那些對朋友斤斤計較的人，其實在一段感情裡勢必也不會大方到哪裡去，因為在他的思考邏輯裡，他的自私達到了一種誇張的程度，加上他可能覺得你不值得他投資花費，那麼這個判斷就更簡單多了。

再來是彼此水準相當，說的就是門當戶對了。

我所表達的門當戶對，其實不僅僅在於物質上的相配，對於女生而言，外貌、學歷、氣質、內在修養，這些都是自身資本的集中所在。

有人可能會說，男生最重要的條件是有沒有錢，可是要知道只要是頭腦理性的女生，除了金錢之外，外貌氣質這些也絕對是不可缺少的參考條件。

即使在曾經上過熱門新聞的奶茶妹妹嫁給劉強東事件裡，女生從內到外任何的綜合條件在女生群體中都是處於前端，而劉強東身為白手起家的商界精英，兩個人都是勢均力敵的搭配，也說不上誰就倒貼了誰不是嗎？

你有美貌，我有財富，你情我願而已，各取所需這個詞雖然冷漠，可是你捫心自問，有多少人是真的抱著聖人之心完全不在意這部分的呢？

我們也沒有必要站在道德的制高點去評價別人的是與非，畢竟即使我們這些普通人在選擇自己的愛人伴侶的時候，周遭也是存在無數種判斷的。

生活就是江湖，你沒有辦法逃避，你只能建立自己的評價標準為自己尋找對的人，然後跟你過此生，這也就夠了。

最後就是一些小細節了。

比如最好是同在一個城市的人，遠距離戀愛畢竟不是適合大部分人的戀愛方式，尤其我們是以結婚為前提的。

再比如說最好有些相同相近的興趣，這樣才是保證兩個人有共同話題的動力，因為發自內心的這種熱愛，根本就不需要刻意經營了。

以上這些，就是我跟閨密日常討論的日常，雖然這一條條的具體事項看起來的確很精明，但是身為理性主義者，我們深刻的明白先做好準備，等待時機到來的道理。

很多形而上的根本問題，如果自己沒有整理清楚，將來就很容易會陷入一種被動的戀愛，被動的結婚，被動的過日子的無意識狀態中，那種拆東牆補西牆的無可奈何，更是一種沒有回頭路的悲哀。

我身邊有太多跟我訴苦婚姻生活的女生朋友，她們的第一句話就是「我以前都沒想過要考慮這些問題，我怎麼知道他是那樣的人……」每次遇到這種為時已晚的案例我從來都不同情，雖然我會幫忙安慰分析，但是我從來不覺得她值得我真心體諒。

而且我們之所以願意討論這些嚴肅的具體事項，也是意味著我們也把自己放在被別人對比審視的位置上，這也是我們願意讓自己各方面條件變得更好的動力來源，這是一個良性循環的過程。

其實現實中讓我覺得更可怕的是，戀愛問題甚至能夠決定一個女生對於一個城市一份工作的選擇去留，更有的女生是在對自己的生活安排得井井有條的狀況下，突然有個男生闖入她的生活裡，於是就發生了所謂天翻地覆的變化。

或許是我們看了太多瓊瑤式的小說，電視劇裡總會把一見鍾情或者命中注定這件事情渲染的美好而神奇，可是在現實生活中，不可能會有排練很好的劇本，讓你光鮮亮麗的成為一場愛情中的女主角。

這也是為什麼我對螢幕裡那些太過理想的故事不感興趣的原因，因為你看不到參考的意義所在。如果你總是把這些奇幻的情節放在自己身上，那勢必會影響你整個愛情觀的理性。

04

我的讀者裡有個跟我關係很好的女生，我叫她大大吧。

大大是大學生，大學最後一個學期通過了學校的志願者面試，而後到柬埔寨赴任工作，在柬埔寨漢語中心的時候，她遇到了一個男生，這個男生當時在漢語中心工作。

後來因為工作的緣故，大大跟這個男生接觸的機會就更多了，中間很多細節的部分我就省略掉了，總之大大開始跟這個男生戀愛了。

大大告訴我說，這個男生對她是一見鍾情的。

我說我沒有經歷過，能不能說說？

大大說，這個男生記得他看到她時的第一眼，她穿什麼衣服，戴一頂什麼樣的帽子，甚至她一半屁股坐在某張桌角邊，那天說話的表情狀態，這個男生全部都記得。

大大說，當時的她因為剛畢業，也不會打扮，夏天裡曬得一身黑，每天工作不算忙碌，所以也開始發胖，放在人群堆裡也算不上好看。

可是這個男生說見到大大的第一眼，心裡就開始砰砰砰的跳，連他自己都不明白自己為什麼會那麼緊張。

大大自己也說，雖然他們沒有相處很久，可是就像是很久以前就已經認識的朋友，聊天的時候沒有尷尬與不適應，而是一種很熟悉彼此的感覺，他們之間甚至連慢慢磨合的部分都不需要了。

這是我第一次真實的聽到我身邊的朋友跟我描述一見鍾情的感覺，你會發現它並不是那麼光彩照人，也不是那麼誇張到感人肺腑，大大那個時候就是個不起眼的女生，就是合適的時候遇上合適的人，緣分這種奇妙的東西，讓彼此產生了比朋友還多一分的好感，僅此而已。

這個故事的結局是，這個男生成為了大大的先生，他們會在今年的十二月份舉行婚禮。

有一天我問了大大這個問題，你怎麼保證這個人就是對的那個人？

大大的回答是，她根本就沒有百分之百肯定過這個人是對的，這個過程中他們兩個各自回去跟自己的父母溝通，尤其是大大這邊，她要遠嫁異國他鄉，這在她之前的人生規劃裡是從來沒有設想過的一件事情。

可是既然發生了，我就要自己做選擇，回國後一個星期我就想清楚了，他就是那個人。

當然距離這麼遠，對於女孩來說，這是一個相當大的決定，風險也很大，也許可能一輩子就會被葬送了。

但是我知道自己是什麼樣的人，如果我們後來分開了，只要我能有養活自己的能力，也就算不上葬送。

所以我只問了自己一個問題：如果三年，五年，十年甚至二十年之後，我們出現問題了，分開了，我還有再相信愛的能力嗎？我的答案是有。

這就是大大給我的回應。

05

以前我說服身邊的單身女生要如何挺過父母以及周遭親朋好友的逼婚時，我的想法是，你要讓他們知道你有讓自己過得好的能力，比如說經濟獨立，事業穩步發展，生活中是個會照顧自己的人，而且把自己整理的漂亮得體大方。

可是如今我的觀念有一點轉變了，**其實最需要說服的那個人，是你自己。**

很多女生之所以在單身以及被逼婚的話題上與父母糾纏不清，本質上是因為對自己也開始搖擺不定，其實這不是你一個人的錯，而是這個社會的價值觀把女性逼得很緊，以及你身邊同齡的人開始步入婚姻殿堂然後成為媽媽，於是你即使本來對自己信心滿滿，也會慢慢開始自我懷疑。

我身邊的朋友都知道我喜歡劉若英，曾經我以為她也會是個孤獨終老的美女，可是當她跟她先生結婚的新聞傳出來的時候，我也沒有任何震驚。因為我知道世界上就是存在這麼一種人，**她的不將就不是為了逃避，而是為了等待，等待對的那個人出現，哪怕是這個過程真的有些漫長。**

後來我了解到她跟她的先生是經過滕華濤導演牽線認識的，滕華濤導演自己也說，「只是覺得他們兩個在一起很合適，就介紹了一下。」

滕華濤跟劉若英是在很早之前合作電影《心中有鬼》的時候認識的，兩人成了很好的朋友，可是即使這樣，也是在兜兜轉轉幾年之後，滕華濤才覺得有合適的人選，然後才介紹給劉若英。

試想如果不是劉若英自己那份足夠願意等待的耐心，以及這些年她一直保持著的一種靈氣，她也就不值得遇上這份對的愛情了。

06

很長一段時間以來，剩女都是一個貶義詞，女生對這個詞語唯恐避之不及，可是這些年來，我發現這個詞也漸漸變成了一個中性詞。

至少在我理解的邏輯裡，如果一個女生年過三十還沒結婚，我不會覺得她就是個失敗者，因為要知道那些早就走進婚姻生活裡的人，她們也在處於另一種憂心的狀態中，冷暖自知罷了。

在如今理性的評價標準裡，剩女也分兩種，一種是嫁不出去的，一種是不怕嫁不嫁的。我們很難區分這兩者的差別，但還是有些人的存在，你是可以判斷她永遠都是處於後者的，比如我們熟悉的徐靜蕾、舒淇以及林志玲，徐若瑄在之前也是愛情路上尋尋覓覓的坎坷之人，還有我身邊那些時刻熱氣騰騰活著的女生們。

在她們的身上，你看不到一種委屈以及被逼迫的感覺，又或者說她們早就練就了一顆刀槍不入的強大內心。與其說這份力量的造就來自於她本身的生活態度就是如此，無論是否有人陪伴都不會影響她的狀態，其實我覺得更多的因素是在於，**她們還願意相信，對的那個人總會到來，而這個過程中她們只需要在等待過程中完善自己等得起的能力，然後靜待後來的事情自然發生。**

知名作家劉瑜說過一個觀點，你所能想到的一切理由都是對的。

愛情也好，婚姻也罷，單身生活或者是有了伴侶，這些都不能用來判斷你是一個成功與否的人，我們存活於世間很多時候的確是為了完成一些使命，比如孝順父母感恩親人，努力工作養活自己，可是唯獨在愛情這件事情上，它不分對錯，也不是我們的義務，這只是我們人生的選擇。

無論你處於任何的狀態，只要你能找到讓自己適應這個狀態的理由，那就不應該被譴責、評價、批判、甚至是逼迫，當你明白了這一點，你就知道你更不應該以任何藉口否定你自己。

有時候想想林夕的歌詞真是殘忍，得不到的永遠在騷動，被偏愛的都有恃無恐。

得與不得，都說不上是一種幸運，亦或者是悲哀。

對於男人而言，他們掙扎於紅玫瑰跟白玫瑰的糾纏選擇中，問題是有沒有一種可能，對於女生而言，我就是一株驕傲的薔薇而已，我為什麼一定要成為這個愛情商店裡非此即彼的不二選擇？

我不是女權主義者，我也不高喊女人單身萬歲，我只是希望同樣身為女性中的渺小一粟，即使我們平凡不起眼，但是我們終究有「可以想到一切理由」的權利，而在愛情這個感性而又奇妙的話題裡，請容許我們矯情的說一句，我只是在等對的那個人到來而已。

這跟早晚沒有關係，如果來得早，這是我的幸運，但是如果來得比較晚，這也

不是我的過錯，因為可能在千山萬水的另一頭，他在努力向我走來了。

如果他的腳步比較慢，那我再等等就是了。

那些被好運眷顧的人

不要輕易被自己的辛苦付出感動，
但是也不要輕易的被別人打壓而否定自己，
你就是你自己而已。

我的大閨密L小姐上個星期告訴我，她的主管買了最新的蘋果手機給她，我想都沒想就回她，你主管肯定是看上你了，他是不是要睡你？

L小姐給我一個大大的白眼，然後回答說，是，他要是願意睡我就更好了，那我早就在公司裡平步青雲呼風喚雨了，也不至於現在還在公司裡當苦力。

我很少說起L小姐的工作故事，因為她跟我以及很多大學畢業出來的辦公室小職員一樣，也不過是在職場裡普通的度過了三四年的時間而已，比起那些早早創業或者事業有成的同齡同學來說，我們實在是太不起眼也不值得拿出來說。

可是有一天我突然意識到一點，或許我們的職場成長軌跡很普通，但其實就是很多人正在進行中的事情，它並不偉大，也不典型，可是卻讓每個人都感同身受。

L小姐大學專攻影視文學，一看就是文青氣質，她在大學裡研究過很多電影以及舞台劇，她也希望自己畢業後可以從事一份自己喜歡的小眾文化圈的工作，可是跟很多人一樣，社會並沒有給我們那麼多可以與自己所愛的工作相遇的機會，我們需要生存下來。

L小姐畢業的第一份工作是在一家小的傳媒公司，因為老闆也是創業初期，一切都是混亂的，L小姐在這個時期身兼數職，從行政到銷售，從客戶到推廣，這些事情她都一一經歷過，甚至連辦公室搬家的苦力活她都一一遇上了。

有天夜裡她打電話給我，說自己在送合約給客戶的路上，她連續幾天幾夜的加班，每天早上起來都有一種要嘔吐的感覺。

公司一共五個人，除了老闆另外幾個都是銷售人員，於是她把剩餘所有的工作全部攬下了，公司那天新買了一台印表機，送貨員幫忙安裝之後就走了，可是沒想到新機器因為剛啟用，一堆問題。

L那天接到老闆的電話，要在晚上八點前送合約過去給客戶，她馬不停蹄工作了一天，開始連接印表機，發現印表機是壞的，於是她按照說明書一個個步驟檢查，等到問題解決的時候，全身沾滿了油墨的印記。

來不及清理衣服，L小姐把列印出來的合約整理好，然後奔赴給客戶的路上，那天夜裡下了一場大雨，一陣風都能把她這樣小巧的身子吹起來。她為了防止合約被雨淋濕，一直牢牢的抓著自己的檔案夾，根本顧不上自己一身的墨水狼狽樣。

趕到客戶那裡的時候，客戶在飯店裡吃飯，富麗堂皇的餐廳裡人來人往，L小姐直接往客戶所在的包廂奔去，包廂大門打開的時候，一屋子的人都愣住了。

後來L小姐告訴我，她至今想起來仍然覺得那是電視劇裡才會發生的場景，所有人都在優雅的舉杯交談中，她像個小丑，不，應該是比小丑更尷尬的局面，停滯在那個服務生在她周圍穿梭來回的門口。

空氣在那一刻彷彿也停滯住了，L小姐盡量壓抑住自己顫抖的聲帶，把事情的來龍去脈解釋清楚，然後把合約送上。

客戶接過合約說，這個我得先看一遍，明天再回覆你吧！

L小姐心裡一驚，因為這是她老闆下達的死命令，今天必須和客戶完成簽約。於是她就站在那裡了，一動不動，也沒有要離開的意思，因為不敢離開。

L小姐說，如果時光飛到現在，她可以有很多種方式應對當時那個尷尬的局面，但是那個時候是她剛開始工作的第二個月，她沒有任何的經驗。

跟客戶同一桌吃飯的人有個大姐出聲了，說小妹妹這麼晚了你都淋濕了，不然早點回去休息吧，否則很容易生病的。

L小姐也不知道哪來的勇氣說，這是我出來工作經手的第一個任務，我不知道有經驗的過來人是怎麼處理這種情況的，可是我現在一無所有，只有無盡的耐心了，我等得起，你們可以慢慢吃，我在門外等您（指的是客戶那位先生）。

說完這一段的時候，L小姐說自己當時直接把眼睛都閉上了，她甚至都不敢想像接下來客戶會不會發脾氣，還有自己一身的狼狽樣會不會影響客戶對公司的印象，以及客戶明天會不會向老闆投訴自己，她說自己的心跳已經快要噴到喉嚨了。

客戶終於說話了，那你先出去等等吧！

L小姐點頭，然後走到包廂門外等著。

半個小時後，客戶一個人出來了，把簽好的合約給了L小姐，說你可以回家了。

L小姐滿是感激的不斷點頭，甚至想不起來應該向他說出感謝的話以及道歉。

03

那天夜裡L小姐打電話給我，說自己剛拎著斷了一個鞋跟的高跟鞋，赤腳走在回家的路上，有些偏僻的路上燈光昏暗，路邊的小混混向她吹口哨，她到一家還沒打烊的小吃店叫了一碗麵，大口大口喝湯的時候才反應過來，她這一天從早到晚幾乎沒有吃任何東西。

吃完飯回家，她洗了個澡，發現那一身的油墨已經洗不掉了，一想到那是她畢業以來自己買的比較好看價錢也不便宜的衣服，這一刻L小姐才放聲大哭。

電話裡她在抽泣，說自己一天緊繃著神經下來都不覺得辛苦，可是看到自己喜歡的一身衣服毀了就哭得歇斯底里，是不是太不按常理出牌了？

我安慰說，不是的，那是你之前一直處於緊張忙碌的狀態，這一刻鬆懈下來了，髒衣服不過是你想發洩的導火線而已。

L小姐問，你說我運氣是不是太背了，進了一家小小的公司，所有的一切都是自給自足，公司就我一個女生，這裡根本沒有人把我當成女生，他們每天忙成一團，連老闆都見不上幾面，我都不知道工作的意義是什麼？

那個時候我也一樣年少無知，只是我運氣比較好，畢業的時候到了一家還不錯的公司，規範有序，體面舒適，即使內心依舊忐忑，但是跟L小姐處於水深火熱的狀態根本不能比，所以我也不知道怎麼安慰當時的那個她。

後來的對話裡我勸L小姐，要是實在熬不下去，那就不要做了，工作再找就好了。

誰知道這麼一說，L小姐的聲音立刻高昂了幾分，那怎麼可以！我要是那麼容易妥協了，那也太沒用了！

我無言，我說那你想怎麼樣？

她說，就先把明天過了吧。

結果這個「明天」一過就是整整兩個月，有一天中午，L小姐跟老闆提出要辭職，老闆很慌，說如果你是覺得薪資太少，我們可以談談的。

L小姐說，不僅僅是薪資的問題，我只是覺得自己學的東西差不多了。

老闆看到施軟不成，於是開始威脅，我告訴你像你這樣的畢業生，外面的人才市場一抓一大把，你別以為自己有幾個月的工作經驗就了不起了，你這樣的態度出去在這個社會是混不下去的！

L小姐也沒反駁，收拾好東西就離開公司了。

一星期以後，L小姐找到了新的工作，面試的時候對方開出很低的薪資，甚至不到專科畢業生的標準，L小姐也沒有提出太多要求，只是說自己可以先入職，薪資的事情以後再說。

公司肯定願意了，這麼低的價錢找到一個還不錯的大學畢業生，這樣的好事上哪裡去找？

04

於是L小姐開始了第二份工作。

按照她的說法，或許是在第一家公司的時候習慣了把自己當成女超人，所有的一切事情都親力親為，她覺得自己的待遇已經糟糕到底線了，於是到了這一家新公司的時候，她覺得眼前的一切難題那都不是什麼大事。

也是，當你經歷過最糟糕的狀況，那麼後來的一切都覺得是自己得來的好運了。

在新的這一家公司裡，L小姐就像開了外掛一樣，每一個工作細節她都能很快適應，當其他的畢業生抱怨這不是自己的本職工作的時候，她就把所有的工作都攬下，因為在她之前的經驗裡，甚至根本沒有只負責自己本職工作的概念，只要是任務，自己全部處理就好。

就這樣，從方案企劃到實際執行，從合約審核到法務對接，從培訓演練到跟廠商接洽，L小姐對這些熟悉到就像是有了很多年工作經驗的樣子，加上其他的畢業生也不願意做，於是她幾乎把每個部門的工作都摸透了一遍。

哪個同事缺人就找她，哪個主管有工作要交代她就接下來，她每天就跟逛菜市場一樣，奔跑於公司的樓層裡，樂此不疲。

這樣的狀態，一做就是快兩年。

後來有一天，L小姐告訴我，她終於開始負責公司的一個具體部門了，她有了自己的直屬主管，這個就是我們後來聊天裡經常提到的T先生。

T先生年輕的時候也是個迷人有個性的男生，可是因為自己夠聰明，所以總是不喜歡公司裡太遲鈍的同事，他換了很多個助理，每次都因為承受不了他給的壓力，於是都申請離開了。

而這一次，L小姐正好成為了T先生的助理。

我不知道這其中的很多細節，總之L小姐在T先生手下活過來了，而且做得很不錯，當有一天T先生發現自己已經離不開她的時候，她已經在這家公司快四年的時間了。

L小姐如今成了他們部門的任性大小姐，因為無論她提出什麼樣的要求，T先生都會一一滿足他，因為她太熟悉T先生的辦事風格了，從工作方式到生活習慣，她一一牢記在心裡，即使在她已經有了三四個助理的情況下，她依舊不放心把T先生交代的事情假手於人。

05

這個週末我跟L小姐一起去香港，週日回來的太晚，她趕不上車，於是週一的一大早天還沒亮，她就起床趕去火車站坐車回去上班了。

我問她，你現在已經小有所成了，工作的事情交給你的下屬去完成不好嗎？

她回答，最近的新專案她是工作任務的第一線，她要把頭開好了，後面的細節才能進行下去。

L小姐補充道，其實我是可以有很多藉口多偷懶幾天的，因為之前我自己積了很多加班調休時間，但是這一次專案的主要負責人是我的主管T先生，而T先生又是個比較清高愛面子的人，很多實際執行的工作需要我去進行，暫時的辛苦熬一陣子也就過去了。

L小姐如今也成了我的經紀人，關於我跟出版社洽談出書合作的一切事宜，所有的細節都由她來處理，因為她太擅長這些工作了。每當我需要前往北京處理相關合約的事情，她也都會陪伴我同行，她總是跟T先生打個招呼，然後扛著筆電就跟我一起出發了。

L小姐告訴我，從休假到調薪以及各種小福利，她都有了跟T先生談判的籌碼，前段時間T先生升職，於是她也順便跟著得到了更多的話語權，所以別說買蘋果手機了，只要是她喜歡吃的餐廳，T先生也總會帶她去品嘗，她嚷嚷吵著最近手頭比較緊，T先生總是換著方法發大紅包給她。

T先生對於我而言有時候是主管，可是更多的時候又很像一個大哥，一個願意跟我分享喜怒哀樂的大男孩，所以當我跟他相處的程度到了這個地步，我也算是在自己的這份工作裡有了很多的相對自由。

L小姐說，這就是她跟她主管的「不正當關係」故事。

06

L小姐即使是陪我辦事，或者是我們週末假期逛街的時候，她總是時時刻刻在處理工作上的一些事情，至於半夜裡回覆郵件那是再正常不過了，她早就習慣了這樣的方式。

有時候她的小助理打電話過來被她罵得狗血領頭，我在旁邊聽得總是心裡一陣發寒，我說我要是你的助理，應該早就崩潰了。

她回答說，你知道嗎？當年我的第一份工作經歷，除了教會我創業型公司要做的所有事之外，我當時悟出來的唯一一個道理就是，**不要輕易被自己的辛苦付出感動，但是也不要輕易的被別人的打壓而否定自己，你就是你自己而已。**

L小姐說，當年我最討厭T先生咄咄逼人的樣子，可是諷刺的是，如今我也變成了我下屬眼中的惡魔女人了。

這一刻我終於明白L小姐的主管為什麼會這麼寵著她了，我雖然認識她十年，可是開始工作之後並沒有跟她同甘同苦，她就像是一隻渺小的職場小強，任何別人的否定打壓甚至是發怒，她每一次都是笑嘻嘻的應付過去，就連我有陣子也覺得她是個沒心沒肺沒有自尊心的人。

可是L小姐告訴我，工作第一年開始，她手頭上只有微薄的薪水，連其他女生租房的房租都不夠付，她每個月會寄錢給老家的爸媽，每年兩個學期承擔兩個上高中的弟弟的學費，就是這樣，她還為自己存錢來買衣服買水果，跟同事朋友社交。

她說自己因為之前薪資太低，甚至到了工作第三年才有申請信用卡的資格。

她總是開玩笑說，你們老說自己太魯蛇過得很苦，其實我覺得自己連抱怨的資格都沒有，因為每個月光想著把每一分錢掰成兩分錢用，就已經耗盡我所有的精力了。

可能也是因為這樣，L小姐居然很神奇的成為了一個樂觀主義者，她學會了自動過濾工作跟生活中的負能量，她是個很會炒熱氣氛的人，即使周圍沒有一個人跟她有互動，她也練就了自嗨的厚臉皮。

這種不會羞澀的氣質，我竟然也沒有辦法判斷她究竟是後天磨練出來的，還是天生骨子裡就有這一部分自信。

07

有一次週末我去拜訪L小姐，她帶著我們一行朋友到了一家很有風格的餐廳吃飯，我們坐下來沒多久，就有個服務生就過來說餐廳老闆要送飲料給L小姐，另外還要送我們一份招牌菜。

我們另外幾個女生一臉嫉妒看著L小姐，滿是疑惑。

她白了我們一眼，我長得好看吸引人，怪我囉？

後來我發現，餐廳老闆的判斷是對的，在我們進到這家餐廳的時候，老闆第一時間意識到到L小姐應該是我們這一群人裡的意見領袖。

果然接下來點菜時，我們一行人都是以L小姐的建議為主，而後她開始幫上桌的餐點拍照，跟老闆聊天，調戲長得好看的男服務生，然後上傳一堆美美的照片還有文字好評到網路上，她甚至還發SNS，一一介紹餐廳的菜色跟地址。

換做我們其他人，最多自拍個照片也就算了，可是她不一樣，她把每一個商家最喜歡的消費者行為全部都做了一遍，試想餐廳老闆怎麼會不喜歡，不去討好這樣的顧客呢？

以前我總是把L小姐不嫌麻煩的這個特質定義為是她熱愛生活，可是事後我想想，其實她在工作上也是這樣的，做事細心，考慮周到，跟陌生人對話的開場白總是適當而有趣。

這種自來熟的氣質，是我永遠沒有辦法得到的。

這就是她的魅力所在，也是她之所以總是好運連連的原因，儘管我不知道她之前經歷了多少不好的生活對待，因為我們每一個都會經歷，她跟大部分人不一樣的是，她一開始就沒有驕傲自滿，但是也不會輕易妄自菲薄，她只是習慣了享受自己每一個階段的不同狀態，僅此而已。

身為職場小白，從來沒有人告訴我們怎麼做是對的，而哪些又是不應該做的，我們只能在茫茫夜路裡摸索，然後坐等時間證明我們當年的選擇是對與不對。

我身邊也有很多比我小一些的孩子跟我請教職場的經驗，我說我沒有辦法一一概括，因為我自己算不上事業有成，因為在我的定義裡，工作這件事情，包括具體的操作方式，上班的環境，周圍同事的人際關係，以及領導的風格，這些每一環都決定著你職場的幸福程度。

有人會問，工作不就是用來賺錢生活的嗎？

這的確是實話，但是如果在完成自己基本工作之餘，也能經營好職場關係，儘管再好的同事關係也比不上你的親人你的閨密你的伴侶，可是只要你處在這個局中，你就沒有辦法躲避，更何況我們人生幾十年每一天的八小時甚至以上的時間，都投入在這件事當中，這怎麼可能僅僅只是關於賺錢而已呢？

我自己的工作經歷不多，可是我的每一任主管都成為了我在那個階段最重要的貴人，所以即使職場裡總有些瑣碎之事，可是從大方向來說，收穫要遠遠大過於遭遇到的不愉快，這也是為什麼我至今對於工作以及尋找一份有意思的工作保持滿滿熱情的原因。

很多人會問我一個問題，就是為什麼能夠堅持把這個原創的社群專頁經營那麼久？我說其實不需要用到多少毅力，因為**如果一件事情需要動用到你的意志來完成，那麼這件事情的意義就沒有那麼大了。**

可是仔細分析一下，我之所以願意用心經營這個小地盤，最開始的初心完全是為了整理我自己的價值觀以及有時候很浮躁的心緒，時間久了我就成了最適合自己的心理醫生。

後來，我慢慢吸引到很多出版社向我邀請合作出書，這也算是額外的收穫了。

從經營這個地盤的第三個月開始，就已經有很多的廣告商跟我談合作了，這當中有品質很好的品牌，尤其是創業圈的新產品。有些人雖然合作不成，但是因為誠心實意，竟然也慢慢從陌生人變成了聊得來的朋友，於是這也變成了我跟別人請教學習很重要的一個人脈平臺。

我從來就不是一個自帶好運的人，因為我覺得自己累積的每一步之後所獲得的成果都是理所當然的，但是這些小收穫放到別人眼裡，他們會誇大你的成就，同時忽視你在這其中所付出的努力。

這也是為什麼每次看到媒體上網路上別人那些逆襲翻身的勵志故事的時候，我也很難再感動的原因，因為我自己就是這條為自己奮鬥路上再普通不過的素人一枚。

比起成名要趁早，我更喜歡來日方長這個詞。

它意味著你願意相信自己付出會有所得，它更意味著一個在自己命運路上裝備升級不斷開外掛的人，他們並不是沒由來的好運，而是他們願意相信自己可以獲得好運，只是他們需要動起來，自己先嘗試著打開讓運氣進入自家的大門，而後才是接下來的一系列良性循環，以及滾雪球效應。

這一切一切的前提是，你得願意相信，僅此而已。

切記不要與自身的平凡為敵，也沒有必要把自己變得不像自己。

嗯，這是正確打開好運的方式。

每一個現在，
都是最好的現在

其實遇到難題的時候，
我們大部分時間都在處於想辦法解決問題的思考中，
根本沒有時間在當下體會那一刻自己的運氣多麼糟糕，
自己的命運多麼不好之類的。
一切的一切，都是在我們熬過去之後回過頭來看，
才會放大那個時候的委屈與痛苦。

畢業後的第一份工作，做了三個月後公司轉正面試，我被安排和幾個同期同事一起，公司的高層主管都在。

我本來就是容易緊張的人，加上那個時候沒自信的因素作祟，於是輪到我自我介紹的時候，我第一時間就站起來說，各位主管大家好，我叫ＸＸＸ，畢業於ＸＸ大學，我來到公司這三個月裡的收穫有這些……

我一口氣講了很多，後來也聽不見其他同事在說些什麼。直到大老闆開始評論，他的第一句話就是問我，你是小令是吧？我心裡竊喜，看來老闆對我的印象還不錯。

可是萬萬沒想到的是，接下來大老闆的一番話是，今天是你們的轉正面試，也就意味著你們已經踏入職場了，那麼做自我介紹的時候就應該說你是來自哪個部門，而不再跟你的畢業學校有關係了。

那一刻，所有的人都在看著我，雖然我知道他們都是面無表情，但是在場所有人都知道，其他那幾個同事自我介紹的時候都是說自己來自哪個中心哪個部門，唯獨我一人傻傻的還在照著前幾個月找工作面試的話術，照本宣科。

那天下午會議室的冷氣要凍死人，可是我能感覺到自己穿的那一身白襯衫腋下全部都濕透了，後來其他的主管發言，我根本就再也聽不進去任何一個字了。

面試結束後，我衝到洗手間開始擦汗洗臉，也不知道怎麼的，順著水龍頭嘩啦啦的水流聲，突然一下子眼淚就蹦了出來，當然我不敢大聲哭，只能一陣陣的抽泣。

過了一會有同事進來，看到我這番模樣，於是趕緊安慰我，轉正面試也只是個形式，沒什麼大不了的事情，你的那個小插曲大家現在大概都忘了不是嗎？

可是我哭得更大聲了。

同事很驚慌，於是扶我到樓梯口的角落休息，遞給我紙巾後就走開了，因為我一直不願意回答她任何問題，我只是不停的點頭，表示我收到她的安撫了，我現在需要一個人平靜一下。

那個時候辦公室的樓層在二十樓，我透過樓梯口的窗戶望著馬路上人來人往的匆匆步伐，每個人都在趕路。

送外送的人騎著電動機車，速食店的員工在門口發傳單，還有一個送花的人在跟路人打聽地址的樣子，有個漂亮的姐姐因為自己的車倒不出來在跟管理員溝通。

樓下對面的銀行永遠都是人滿為患，每次都要拿號碼牌等很久的隊伍，我都不知道為什麼這些人總是有這麼多關於錢的業務可以辦理，而我每個月沒幾萬的薪資直接到自動提款機就可以一口氣領出來了。

這一切的一切，無一不在赤裸裸的提醒著我一個事實，你真的不再是學生了，你是一個社會人士了，過去的一切都再也回不去了。

我不知道別人怎麼樣，對於我這樣後知後覺的人，六月份的大學畢業季對於我而言其實並沒有太大的傷感，或許是因為就業壓力壓榨了所有的大腦精力，所以來不及去對待這一個感傷的告別學生時代的儀式時刻。

於是這一刻，坐在樓梯口地上的這一秒鐘，我第一次開始接受這個殘忍而又感傷的事實。

也是這一刻，我發現自己之前這三個月所有的詭異心理都有了答案。

我抱怨以前大學時愛吃的小吃，現在在公司附近買了覺得味道不對，怎麼吃都不再有那一年跟同學一起邊曬太陽邊吃的刺激；我去路邊攤買滷味，可是發現他們總是不聽我要多少蔥蒜的要求；我去百貨公司買不起很貴的大衣，但是又看不上那些小服飾店裡的網拍款式衣服。

還有我每次去超市買東西看到的收銀員是個染著誇張顏色頭髮的小妹，而在大學校園裡，我們喊誰叫姐姐或者阿姨都不會擔心有沒有失禮。因為覺得自己永遠都是那個可以憑藉學生證買火車票還有去風景區遊玩都有學生價的任性小孩。

我終於知道我前一刻放聲大哭的原因是什麼了，這種要跟前半生的學生回憶告別的痛苦跟糾結，就如同一個剛斷奶的孩子，覺得自己很委屈，還沒有喝夠就被打斷了。

自己的心智還沒有適應，可是時間的洪流早就把我們推入了這個我們害怕觸達但是又不得不面對的所謂另一個世界。

這種「被長大」的無奈，是我那一刻最驚恐不已的感傷，這種感傷巨大到我感覺頭頂上有一層烏雲黑壓壓的籠罩著我，我想叫出聲來，我想尋找一個熟悉的畫面，比如抬起頭發現大家都在自習，大夥的考卷都還沒寫完，以及上課點名的時候跟老師各種鬥智鬥勇……可是，什麼都沒有。

低一層的樓梯口有男人在抽菸，高一層的樓梯口有女人在談論辦公室八卦，我一個人坐在這裡，沒有人知道我在想什麼，甚至都沒有人知道我這一刻來過這裡。

這件小事後來就過去了，我也沒有因為轉正面試的小失誤而在後來的工作裡被誰為難，我只是再也不去計較小吃不好吃這件事了。

我去外帶速食外帶小吃，僅僅只是一種餓了就要吃的生理反應，我甚至都不再計較自己一年都不敢去好一點的餐廳吃飯有什麼委屈，因為相比這些小細節，每天適應職場裡的種種已經耗費了我巨大的精力。

我想起大學有一年寒假後返校，我只買到一張火車站票。我是個很計較規則的人，於是還仔細問站務員哪個車廂站票可以上車，於是我就聽從安排到了一個很擁擠的車廂。後來我才知道，其實站票可以去到餐車裡點一份餐就可以坐著過夜了，可是那個時候我並不知道。

從桂林到武漢的綠皮火車要十五個小時，我把自己的行李箱擱在角落裡，本想找個地方坐在地上，結果發現一點多餘的空間都沒有。

快要入夜的時候，我終於開始想睡了，眼皮開始打架，這時候坐在我旁邊的男生去上廁所，他說我可以坐他的座位休息一下，於是我馬上就坐下了。

可是我萬萬沒想到的是，因為真的太累了，我這一坐，居然就一直睡到了湖南長沙站！等我聽到廣播報站的時候我才清醒過來，然後我才意識到我這個座位上的男生在我身邊站了整整快七八個小時！他居然沒有叫醒我，就一直站在那裡低頭玩手機。

那一刻我真是內心一萬個愧疚，千言萬語到嘴邊只化成一句「不好意思」，誰知道男生笑著說，我要下車了，你繼續坐吧！我就看著他收拾自己的行李，穿過人流走到車廂門口，然後下車消失在人海裡。

我至今後悔的是當時忘了問他電話號碼，至少日後有機會跟他道一聲謝謝，可是我當時就是那麼傻，大腦一片空白，根本就沒有意識到這一點。

這並不是一個很美妙的關於偶遇的故事，我也並不是因為後悔如果當初要了電話，會不會還有後面一段緣分，而且那個時候的我完完全全就是個土包子，擠在車廂裡滿面油光，根本就沒有自信去幻想美好的際遇故事。

我只想表達我的感激，我只是不想欠別人的而已。

這是我人生中第一次坐火車站票，也是最後一次。後來的日子裡，我出門能挑臥鋪就不挑硬座，等到後來習慣坐飛機了之後，長途的路程哪怕是搭高鐵我也覺得不舒服。

人都是這樣的，條件好了以後就連想也不敢想像，那些每年春節前後在火車裡站上一天一夜，甚至更長時間的人是怎麼過來的。

我也不敢想像，我的那個上國中的表妹大冬天裡洗冷水澡是怎麼過來的，另外一個堂妹說大學上軍訓課自己被曬得要昏過去了也不敢吭聲，還有我也無法想像，樓下的清潔工人每天三四點清掃街道是怎麼起床的。

後來我開始意識到，其實我自己也是這麼過來的，那些買不到火車票只能站著回老家的人，就跟當年的我一樣，金錢有限時間有限資源有限，也都是迫不得已的選擇；我國中和高中六年裡為了把握時間讀書，也是冬天洗冷水澡過來了。

身為一個體力很差的人，我大學上軍訓課的時候無數次的想請假，可是覺得難為情也就咬牙挺過去了；至於清潔工還有其他各行各業的人，也不過是在自己的工作性質裡安排自己的出勤時間罷了。

那些我覺得很痛苦的經歷，如今想起來竟然也變成了偶爾可以拿出來開玩笑的話題，只是我再也不想嘗試那樣的過往了。**人都是要往前看的，如果說以前的很多選擇是迫不得已而為之，那麼自己有了選擇的本錢後，誰又會介意得到更好呢？**

這個邏輯告訴我的價值觀是，那些我覺得很美好的過往，不可能會一直持續存在，我也不必為了懷念某種味道於是勉強去營造一種氛圍；而那些並不那麼美好的過往，也一樣不可能會持續存在，雖然可能當下的那一刻我很想逃離那樣的窘境，可是那畢竟也屬於我人生中經歷的一部分，既然躲不掉，那我就靜靜等待它過去就好。

六月的時候，我跟閨密L小姐去北京第一次談出書的事宜，本來計畫訂機票的我們臨時改成了火車票，而且是最慢最慢的那一種，從深圳到北京要二十四個小時。

這個決定的前提是，我曾經跟L小姐提過，大學的時候，我曾經挑了某個下午隨意上了一輛公車，坐在最後一排靠窗的座位上，從起點坐到終點站，看了大半個城市的風景，然後在夜裡的時候返回學校。

這一次的經歷讓我感覺很美妙，我是一個喜歡事前規劃的人，可是那一次我不知道為什麼就冒出這麼一個念頭，隨意上了一趟公車進行了一次城市之旅，一站站的看街邊的商店、小吃、人群、學校、醫院、大橋、還有各種老舊的住宅。

於是我告訴L小姐，如果有機會我也想坐一次火車，從南到北在車廂裡欣賞外面的風景，但是我又矯情的說不能太辛苦要兼顧舒適，於是L小姐做了前面那個決定，定了從深圳到北京最慢那趟火車的臥鋪。

後來的結果證明，這個選擇果然是對的。

我們看窗外的景色從青蔥綠樹到廣袤的黃色平原，看見滾滾而至的黃河水感嘆不已，先看到水稻田然後是旱地莊稼，再從白天看到夜裡然後再度迎來日出的驚喜。

我們兩個女生像神經病一樣不停發出各種驚喜讚嘆，L小姐不停的忙著拍照，她說要把這一路的景色做成一本相簿。

我從來沒有過這般開心的旅程體驗，我不知道是因為有了好友的陪伴不再孤獨，還是可以舒服的睡在臥鋪上看風景，亦或是因為即將得到的出書機會讓我滿心歡喜，總之這個二十四小時的行程裡，我幾乎沒有開網路，看完了兩本書，聽完了劉若英幾場演唱會的歌曲。

我已經很久很久，沒有過這麼平靜的感覺了。

而上個週末的行程也是一樣，我跟L小姐到北京繼續談出書以及其他合作的事宜，L小姐長在南方，大學就讀於南方，工作出來後也留在南方，所以她是一個從來沒有見過雪的孩子，就更別說是電視上的那種鵝毛大雪了。

終於在我們要返回深圳的那一天下了很大的雪，L小姐高興得跟一個孩子一樣尖叫起舞、玩雪拍照，從飯店到機場的路上她一直在不停的笑，一刻沒有停止下來，最後到了機場門口她還是堅持要把握時間去玩夠雪了再去過安檢。

那一刻她的笑讓我想起自己上大學那一年的冬天，也是我人生中第一次看雪，幾個北方來的同學教我學會堆雪球，我們躺在雪地裡大喊大叫，直到回到宿舍才發現自己的雪靴全部都濕透了。

那時候身體狀況不好，以至於後來直接生病發燒了一場，可是即使是這般代價，我心裡也依舊是美美的。

如今想來，那種青春時光裡的放肆，現在再也沒有了，即使L小姐此刻在我面前雀躍不已，我心裡卻是在擔心我的鞋子會不會濕，我的手要保護好不要被凍僵了，我還擔心今天的飛機能不能按時起飛。

後來果然，所有的飛機都飛不了了，於是我們第一時間換成了火車。此刻我們周圍附近的一群旅客都在跟機場的工作人員抱怨、對峙、甚至爭執，大聲喧嘩震盪在整個候機大廳。

每個人都在面無表情的匆匆來往，此刻大廳外頭的雪下得更大了。

我們坐上了從機場到車站的巴士，然後安排自己的晚餐還有購買零食水果，接著坐在候車廳戴上耳機聽歌，不再管周圍的一切躁動。

說實話我其實是個很容易焦慮的人，要是以前遇到這樣的不確定事件，我的心情早就壞到深淵低處了，可是這一次我竟然有了前所未有的耐心，就彷彿擁有了一股神奇的能量，平和的面對眼前這一切不好的糟糕際遇。

後來我們順利的上車了，我看了一部電影之後睡去，一覺睡到天亮的時候剛好到達深圳。日出這時候剛剛升起，一夜之間，我從大雪紛飛的北方切換到了南方的豔陽裡，這種美妙的體會對我而言，是突然心裡升起一陣珍貴萬分的感動。

跟L小姐告別的時候，我說了一句，我們看雪的願望算是實現了，下一步我們可以期待著去坐熱氣球、去潛水、去看極光了。

L小姐點點頭，嗯，會有這麼一天的。

在此之前，我每一次自己旅行看過很美的風景，遇見有意思的人，或者發現好的餐廳，我心裡的潛臺詞就是，要是這一刻我能帶我的爸媽來，能帶我的男友來，能帶我的好朋友一起來就好了，這樣我就可以和他們分享我的快樂了。

就好比有一種「我來到你的城市，走過你來時的路」的體驗感，想想就很戲劇化不是嗎？所以一想到此刻是我自己一人在獨享這份珍貴所得，心裡就難免有些孤獨。

可是後來我慢慢意識到，每一個當下都是最美好的，即使將來我有機會跟另一個人再一次來到這個地方，看一樣的風景，可是體會跟感受也不可能一模一樣了。

當我開始意識到我自己現在所處的此時此刻當下，都將是人生再也無法二次重來的人生體驗時，這種時空格局上的醍醐灌頂讓我瞬間開始領悟，不管是好的經歷還是不好的際遇，這些都不會再有。

與其心裡念著沒有人跟我一起分享的遺憾，或者是抱怨當前的糟糕挫折，我還不如就跟隨內心的本身，讓這件事情靜靜發生，然後靜靜過去就好。

會有人問，遇見美好的事情學會享受還可以，可是遇到困難的時候，真的說靜待過去就能做到這麼不焦躁嗎？

我的回答是，**其實遇到難題的時候，我們大部分時間都在處於想辦法解決問題的思考中，根本沒有時間在當下體會那一刻自己的運氣多麼糟糕，自己的命運多麼不好之類的。**

一切的一切，都是在我們熬過去之後回過頭來看，才會放大那個時候的委屈與痛苦。

這就是我為什麼如今看到我的表妹們上學很辛苦，她們跟我傾訴各種人生迷茫與請教難題的時候我也會感慨她們不容易。可是細細想來，我自己不也是這麼過來的嗎？我們大部分人不也都是這麼過來的嗎？

生活裡的起起伏伏，每個階段有不同的對應難題，這不就本是人生的一種常態所在嗎？

今天我看到一則SNS上的貼文是這樣說的，「我以為人到了人生的這個階段，我會變成一個更加有安全感的人。我以為我只要遵守所有的規則，我就會快樂的長大成人，和自己所有的問題和解。我現在意識到沒有人長大，每個人都只是變老而已。」

一開始看到這一段我心裡難免一陣難過，人生的困惑對每個人而言都是逃不開的局，可是後來我看到了底下其中一個留言，「時間它只負責流動，不負責育你成長。」

這一刻我突然明白，曾經我們以為長大了就會好了，結果發現長大了就再也沒有快樂了，這種失望的來源並不在於外界，而是在於我們錯失了擁有快樂的能力。

就像小時候我發誓自己長大了一定要買很多的冰棒回來吃，我要買很多芭比娃娃回來裝扮我的房間，我要大吃一桶桶的炸雞……那些年不曾被滿足過的願望，如今我擁有了獲得這一切的能力了，可是我卻一度不快樂。

後來我終於明白，這一切都是我自己的問題，我自己內心那個沒有安全感的小跳蚤在作祟，我擔心工作擔心房租漲價，擔心被逼婚擔心臉上的膠原蛋白流失，我擔心自己不能找到自己喜歡的生活方式過一生。

可是我慢慢調整過來了，那些旅行網站上列出的清單說：「有些地方你不去，有些事情你不去做，這一輩子就再也沒有機會了。」以前看到這些文章我會很慌張，一直死死的規劃著三十歲以前以一定要完成些什麼，可是我發現這樣做是沒用的。

正確的對待方式是，**不要刻意去制定死板的人生規劃，只要掌握好大概的方向就可以了，剩下的緩衝時間，那就留給眼前發生的變化，迎接明天到來的每一份不確定，如果有驚喜到來，那就告訴自己這也算一個夢想清單事項完成了。**

至於如果是糟糕的事到來，那就告訴自己，總會到來，總會過去，因為除了解決問題本身，你的情緒如果受到牽制了，那麼你只會讓自己本來的不順徒增煩惱而已。

以前我的人生原則是，讓我們紅塵作伴活得瀟瀟灑灑，現在我的內心也依舊如此嚮往，只是多了一些具體的畫面，比如在冬日裡喝一杯溫暖的熱茶，也能讓我備感生活的熱氣騰騰。

我對這世間一切好吃好玩，以及美的風景都有所期待，我的靈魂在不確定的局面中也能保持熱情，這是我想要的慾望。

這就是我想說的，每一個現在，都是最好的現在。

如果再見，
何必紅著眼

時間已經把那些不開心都過濾，
剩下的都是初見你時的動心，
但是此刻你心裡也萬分清楚，
現實中的我只能是和他行同陌路了。

《康熙來了》有一集的題目，是關於年輕少女如何轉變成漂亮媽媽的角色，所以我第一眼就點擊進去觀看了。

可是你知道小S的風格的，所有的聊天節奏都會順著她的心情發展，蔡康永對她也寵到不行「你說什麼就是什麼囉！」於是話題一開始就走偏到了各個媽媽聊起前任的事情。

小S想了個很賤的點子，說為了證明你們各位真的對前任放下了，那你們就對著攝影機連續念三次前男友的名字。

女性嘉賓們已經被推到了這個點上，也不好意思認輸，只能硬著頭皮上。一個一個輪下來，結果所有人不是舌頭吃螺絲就是拖泥帶水而過，強裝鎮定的表情下其實就差面露青筋了。

後來不知道有誰提了一句，小S有本事你也念三次黃子佼啊！

一群人跟隨起哄。

念就念，誰怕誰！

於是小S一口氣把這個名字說了三次。
她早就臉紅不已，各種尷尬表情無法掩飾，只能靠在蔡康永肩膀上求救。

02

康熙十二年接近尾聲，我身邊一群好友都說最好看的就是前陣子小S跟她的前任黃子佼進行世紀大和解的那一集。太多過往的回憶挖出來，太多以前不能碰的雷地都搬到了檯面上來，太多的坊間傳聞八卦彼此都坦誠交代。

時間真是最好的東西，如此敢愛敢恨性格剛烈的小S，在當年被分手以後直接在新聞直播中，在全臺灣人面前討伐黃子佼。媒體總是會同情受害者多一些，於是那一次之後，黃子佼的事業一落千丈，甚至很多年後都沒有工作。

這一次世紀大和解的節目分為上下兩集，我重複看了好幾遍，主要是第一遍的時候自己太過感慨跟著小S哭個不停，根本不記得具體內容是什麼，所以才打算後面再重看幾遍。

這其中讓我最感慨的不是這遲到的牽手，而是小S解釋說自己的眼淚不是因為難過，而是一種感慨。她向黃子佼道歉說，「當年對感情太過年輕衝動，在節目上公開兩人分手的事情，造成很大的影響跟傷害，讓全世界都責怪他。」

這一集播出過後第二天，小S在自己的SNS上貼出了為幾個女兒下廚做飯的照片，週末還陪孩子們出去玩耍。

一切生活都沒有變化。

她這份隨時切換身分變成妻子變成媽媽角色的狀態，給足自己現在的丈夫面子，也給足自己的公公婆婆面子，這才是我最佩服她的地方。

03

回到前面說的幾個媽媽們討論自己前任的事情，雖然每個人都在提起過往的時候假裝風輕雲淡，另外還要感謝對方曾經走進過自己的生命，讓自己學會成熟與成長之類的說法。

可是說實話，如果沒有受過傷害，又怎麼會捨得分開，如果能在一起走下去，誰又願意接受這份別離與忍受。強裝鎮定的表象背後，誰的心裡不是各種波瀾呢？

記得看一些電影的時候，很多導演都會設計一個情節，就是結婚了開一桌專門的「前任桌」，這是一個吸引人的議題，劇情的本身也是為了加重角色之間的衝突。於是你會看到前任赴約了，可是把新郎或者新娘的春心撩動了，接著上演了一場逃婚記。

或者有新娘為了把新郎的前女友比下去，卯足了勁要打扮得最美，拚命的曬恩愛，搞不好還要透過展現自己的廚藝很好以此來抹黑前女友的的不足。

又或者是婚禮上新娘心心念念著即使我不能嫁給前任，但是我也要拚了命的在他的生命裡留下一道傷痕，美其名曰「讓你一輩子都忘不了我」。

可是我想問一句，你難道就沒考慮過現任的感受嗎？你是跟身邊的這個人結婚，可是你卯足了勁要與一個來賓來一場對決，只是正好這個來賓的名字叫做前任。請問你這是放下了呢？還是要給婚後的七年之癢留一個備胎啊？

當年的四大天王郭富城後來牽手了一個網紅小嫩模，其實在娛樂圈這算不上什麼大事，可是重點是，這可是郭天王人生裡第一次公開戀情。但是熟悉娛樂圈的人都知道，郭天王跟熊黛林的七年戀情那是很肯定的事情，就是只差一個名分而已。

可是就是這個名分二字，讓熊黛林隱忍了這七年的時光，每日還要一副笑臉面對媒體。所以以至於郭富城當天秀恩愛，她這邊也曬出了跟現任男友的鞋子照片，予以反擊。

我身邊有女性朋友說，這麼及時的回饋，是得帶著多大的恨意？

其實娛樂圈裡明星對於戀愛這件事諱莫如深是個常規，劉德華隱婚這麼多年，古巨基很後來才跟當了自己助理二十多年的女生結婚，張震娶的也是陪伴自己多年的助理。可是這些也終歸是修成了正果，所以無論外界怎麼評價，至少這件事情是獲得了圓滿的結局。

可是如果一段感情經歷很多年，最終沒有跟這個人走到一起，這會是多大的傷痛？

其實如果熟悉郭富城的戀愛價值觀，你就知道熊黛林的「被下架」是有原因的。早在很久以前有記者採訪過郭富城，他說自己對於戀愛的看法就是「就像你穿了一雙鞋，如果不合適你的腳，你覺得不舒服，你想脫下這雙鞋，那就換一雙合適雙腳的來穿。」

女人如鞋，召之即來揮之即去，對於這樣一個直男癌的價值觀來說，無論誰跟他談戀愛，到頭來結果都是一樣的。因為這不是合不合適的問題，而是他有沒有把跟你談戀愛的這個人當成對等的人格來看的問題。

其實熊黛林說不恨那是不可能的，因為自己被喊了七年的天王嫂，媒體的頭條裡從來就沒有過她一個人單獨的稱謂，所有的稱呼都是郭富城的女友。

其實愛情裡人都是很賤的，就像我們每次看閨密類電影的時候，總有女生心心念念「等他下一次再這樣我就跟他分手」。殊不知等待之於愛情來說，有時候是最美的事情，可是有時候也是最殘忍的事情。

明知道自己愛的人不愛你，你還飛蛾撲火。明知道兩個人不能走得長遠，非要今朝有酒今朝醉一場。如果兩人都接受一夜情或者所謂的「只是玩玩而已」那倒無所謂，可是很多時候只要有一方動了真心或者真的投入進去了，那麼就有太多不可控的因素了。

身為一個現實悲觀主義者，我很少寫愛情故事，加上我身邊的女生朋友們也是認認真真的談戀愛，也很少遇到電視劇情裡的狗血環節或者是文學作品裡驚天動地曲折離奇的故事。

因為沒有感同身受，所以我沒辦法講述一場淒美或者吸引目光的故事。

我只會告訴你怎麼經營，怎麼用最理性的判斷方式、用價值觀的角度為自己平衡利弊，然後在這個前提的基礎上投入一場感性的戀愛。

說白了我很冷血很保護自己，但是另一方面這也是為了保全我自己全力以赴投入一場之後，哪怕最後沒有結果，但是至少可以說服自己接受這個結果，然後獲得彼此好聚好散一場的體面。

那些分手後的牽扯不清歇斯底里，我不喜歡，也不提倡，我自己更不會踐行。分手的處理方式是一個人的情商和智商的試金石，之於娛樂圈一樣，之於普羅大眾也是一樣。

我跟身邊的女性友人聊天每當觸及到她感情中的那個敏感前任時，我的態度都是會先問一句，你想不想聊？不想聊我們就不提，如果你準備好了再跟我傾訴。給她足夠的時間去避免不提，而後讓時間慢慢淡化，等到她好一些了，接受並且開始看開了，我們再一起回顧這件事情帶給自己的思考。這個過程一步也不能少，順序更不能錯亂。

那些打著我是為你好的幌子，在你本來就心如刀割的時候還要幫你罵前任的閨密，我覺得不能算得上是理性的閨密。畢竟你愛過他，就算你在心裡恨他千萬分，但是聽到別人嘴裡罵這個人，你心裡說不難受那是假話。

閨密替你罵得越狠，就證明你當初的眼睛有多瞎，這不是打自己的臉嗎？**體面是自己給的，不需要別人幫忙討伐**，這僅僅是我個人的愛情價值觀。

所以每當身邊的人發生感情問題時，我都是只做分析，不給結論。

我以前就做過一件很傻的事情，有個女友跟男友分手了向我哭訴，可是他們和好之後，女生會下意識的告訴男友當時我罵他有多難聽……你讓我怎麼再敢面對那個男生？

可是我又不能跟這個女友計較，要不然就陷入另一場「友情愛情只能二選一」的低級賭局裡，那絕對不符合我的價值觀，我會瘋掉的。

是我蠢是我沒用是我天真我認了，只是以後再也不會有第二次了。

05

總有人留言問我，對過去那個人念念不忘怎麼辦？

我說能怎麼辦呢？痛苦是一種真實的存在，你不能逃避它，你只能適應它。就像劉瑜說的，適應孤獨，就像適應一種殘疾。痛苦也是如此。

如果非要給建議的話，我的回答是，不要假裝自己不在乎自己放下了，不要逞強在SNS上發自拍發美食發自己去看電影就是為了讓那個人看見，就是為了告訴他沒有你我也可以過得很好。

真正的放下，不是當你在某個餐廳裡吃飯，突然想起我們曾經在這裡過了第幾個紀念日的燭光晚餐。而是你真心願意品嘗這份美食的味道，你開始知道自己的胃口真的好起來了。

真正的放下，是當有人傳消息給你，說你的前任又找到了新的女友了，你不再第一時間去看他的新女友的SNS，非要對比出個「她到底哪點比我好？」而是你關心的是這一刻先把手頭的這件事做完了，哪怕只是看個書看個電影。

真正的放下，不是跟朋友去KTV的時候聽到梁靜茹那首〈分手快樂〉突然嚎啕大哭不能自已。而是你知道如果這首歌讓你不舒服，那你走出包廂透透氣或者喝杯雞尾酒也好。

還有一個觀點就是很多人回憶往事的時候喜歡感謝前任，好比我們生活裡也喜歡感謝過去那些為難過自己的人。以前我也是這麼認為的，感謝你的敵人是我一貫秉承的觀點。

可是現在我的思考邏輯變了，我覺得前任也好，敵人也罷，他們並沒有給你幫助。那些他們曾經給你造成的痛苦就是真實存在的，並不是他們為了讓你成長讓你磨練而設下的關卡。

也就是說，那一刻的他們就是不仁不義的，那一刻的他們就是不友善的，那一刻的他們就是自私的。

正確的邏輯是，**你應該感謝你自己，你選擇讓自己挺過來，你選擇讓自己走出來，你選擇讓自己學會成長變成更好的人。**至於那些自己不願意走出來的，那些跌到低谷裡始終無法翻身的人，你叫他們感謝自己的敵人試試看，一樣還不是那個鬼樣？

當然了，我最想表達的還有一點，你得讓自己充實有趣起來。在各種與分手有關的聲明類文字裡，珍妮佛·安妮斯頓當年的那段話真是經典：「每段關係都有漩渦和波浪，有時很艱難，有時很寧靜，有時充滿樂趣。」影集《六人行》（Friends）裡的瑞秋是這樣，現實中的她也是這樣。

真誠輕鬆如她，哪怕是被同情著也帶著一點可愛跟有趣。要是當年我可不敢說這句話，可是這麼多年過去了，她比以前更加有味道，四十多歲的她在很多人心裡依舊還是女神地位。

媒體有一句話我很喜歡：這位全球娛樂圈的「美國甜心」，無論遇到什麼，都努力保持她的微笑。

小時候的言情小說和偶像劇裡都在告訴我們，愛情一定是完美是純潔至上的，所以太多的我們總是在一次次的愛情錯誤之後無法抽身。有人說那是愛之深恨之切，我反倒覺得，你也不過是想給自己一個可以墮落的藉口吧？

畢竟這個社會壓力這麼大，這個世界如此慌亂，我們總想找個理由讓自己可以恣無忌憚的買醉，肆無忌憚的宅在家裡叫外送幾天幾夜不出門。可是說句實話，你要是想起來下個月的房租還沒有著落，大概就會立刻擦乾眼淚，然後開始埋頭苦幹全力以赴投入生活的洪流中了。

哎，人生。

如果有個人願意告訴你，愛情從來不是甜蜜香甜的，它從來都是有遺憾的，甚至還有些不可理喻的無理取鬧。而你要做的，就是接受它，然後適應它，就像調教一個調皮孩子的耐心，就像你自己也包容過自己的不完美。

僅此而已。

時間已經把那些不開心都過濾，剩下的都是初見你時的動心，但是此刻你心裡也萬分清楚，現實中的我只能是和他行同陌路了。

我想，這才是放下，這才是成長吧。

告別過去，相忘於江湖，這樣就好。

我的後少女時代

我也是後來才開始說服自己，
我的那些不開心、自卑、迷茫、無處安放的煩躁，
都是源於我的本身，
周圍的一切人和事不過是外在的助力而已。

我讀高中的時候，有一群出身有錢家庭的同學，他們的父母會用各種名義贊助捐款給學校，這些同學也都是囂張跋扈的樣子。

我所形容的這種囂張跋扈，不是現在定義中的性格不好，而是在那個大家都懵懵懂懂的眼裡，他們是一群刻意特立獨行的孩子。

為了顯示出自己的與眾不同，他們常常不交作業，上課頂撞老師，下課的時候也會取笑像我這樣鄉下來的孩子，當然這些都是後話了。

只是不幸的是，高二那一年我所在的班級裡，這些有錢人家的貴族學生就占了班上的一半數量，比其他幾個社會組班級整整多出一大半。

班導師是個剛從大學裡畢業出來工作的女老師，沒有什麼帶班經驗，加上這些同學都處於青春期，十分叛逆，所以我所在的班級一整年都是成績最差的。

其實現在回憶起來，我每次早上做完早操，是非常不願意走進那個教室裡的，可是那個時候我沒得選，我只能走進去。然後看零零散散的幾個同學有真的在認真讀書，其他的多半是女生在討論這個週末去哪裡買衣服，男生就討論去哪裡玩。

說真的，如果真要說我什麼時候有了買買買的概念，就是從那一年開始的。因為那群貴族同學一天到晚都在討論怎麼花父母的錢，交流各種方法跟手段。他們的眼裡放著光，覺得自己很酷。

我雖然算是個很獨立的學生，可是在那樣熙熙攘攘的環境裡，根本沒有辦法安靜下來讀書。每天晚上的自習課都是鬧哄哄的，你在心裡默念上一百次「集中精力、集中精力……」是沒有用的。

02

爆發點發生在一節自修課裡。

班導師在講臺上提到期中考試的情況，說我們班的成績是墊底的。她一個小女生，硬是板著一張嚴肅的臉，警告我們這是一件很嚴重也很羞恥的事情。

結果不知道是哪個男生帶頭說了一句，成績好不好關我什麼事？

其他男生跟著起鬨。

沒等班導師反駁，這個男生繼續說，我們認不認真是我們自己的事，你教的不好你要自己反省一下，你一味的責怪我們有用嗎？

這一刻我看到在講臺上的班導師漲紅了臉，然後哭了起來！然後她跑出了教室！可怕的是，那幫學生起鬨的更加大聲了！

很多年後我才體會到當年那個班導師的為難之處。

她從師範大學畢業第一年進入職場，她盡心盡力，偏偏運氣不好遇上一大批處於叛逆期的學生。

即使她明白這是學生的必經階段，可是在她一而再再而三的忍讓之後，還是繃不住最後一根弦，於是終究崩潰大哭。

可是當年那一刻，我真是恨極了這個班導師。在我眼裡，老師一直都是除了父母以外最具有權威性的人物存在，可是她卻如此當眾失態。而且我覺得她很沒出息，連一群高中生都教不好，哪裡配得上當老師？

後來我才明白，這對於她而言，也不過是一份工作而已，況且她真的很努力了，要是換做我自己，別說熬一年了，一個星期也是熬不下去啊！

可是就在這件小事過後，老師原本高大的形象在我心裡徹底顛覆了，我人生第一次意識到，原來老師不是萬能的，我不能把所有的期望都寄託在老師身上。

不久之後，我就做了一件事情，我跟著班上另外一個女生T小姐，一起到教務處找教務主任，要求把高二的社會組班級重新打亂分班。

即使到現在十多年過去了，我還是無法想像我當年哪來的勇氣，居然敢做這件事。

當然了我一向不是那個衝在前面的人，T小姐首當其衝在教務主任面前劈哩啪啦說了一頓的現狀，關於班導師很爛、那群學生很爛，這些她都說出來了。

話說這個教務主任可是學校裡唯一一個女性管理者，當年在我心裡就是鐵娘子的代言人。我就連平時走進這間辦公室都是戰戰兢兢的，可是這一次要跟這樣的權威人物正面迎戰，我在還沒有走進辦公室的時候手心就已經全是汗水了。

T小姐說完之後，本來是我負責添油加醋使得我們的氣勢更足一些，可是我早就緊張到話都說不出來了。

教務主任聽完T小姐的一番話，果不其然就是按照平時老師撫慰學生那樣，說一些客套的官方話，大概就是我知道這個情況了，我後面會慢慢處理的。

可是你知道的，這一句一出來，就意味著這件事就不會被解決了。

她在敷衍我們。

這個時候T小姐已經激動的開始抽泣，然後哭出聲來。她從班上那幫學生的頑皮，說到自己每天被無理取鬧，心裡煩躁到無法用意志力控制自己專心讀書。說到那幫有錢的貴公子盛氣凌人的時候，大概是戳到了軟肋，T小姐說父母辛苦工作讓自己念書，自己很努力才考上這所學校，那些孩子不考大學可以繼承家裡的事業，可是她一無所有，她必須要透過考上好大學來改變自己的命運。

聽到這一段的時候，我不知道從哪裡來的勇氣，站出來說，如果主任不正視這個問題的話，別說我們個人能否考上大學改變命運了，我們這一屆社會組考上好大學的機率一定會糟糕到不行。

說完這一句話，教務主任突然停下來手裡本來的工作，終於開始有了一絲耐心，願意正視我們已經花了兩個小時在陳述，而她之前一直在打太極。

可是即使這樣，因為這件事情涉及到的變動太大了，把整個社會組打亂重新分班是很嚴肅的一件事情。別說我們兩個沒有分量的學生了，哪怕是一群學生鬧事，那也不一定能奏效。

後來隔壁辦公室的校長也進來了，看到我們兩個小孩子一臉委屈的樣子，也不說話，就是坐在一旁聽著。

果不其然，教務主任最後給我們的答覆是，這件事情還不能馬上決定，晚自習還有一個半小時，你們還是回去念書吧！

要是以前的我聽到這麼一句話，那真是分秒必爭就回去自習了，一個半小時對那個時候的我們而言真是太寶貴的學習時間了。可是一想到如果這個糟糕的狀況拖下去，那麼對我的前途而言後果真是不堪設想的。

你猜我怎麼做？我就賴在辦公室不走了。那是我人生中身為一個乖學生的第一次無理取鬧，我要求學校給一個確切的答覆，到底能不能重新分班？

很多年後我回想起來，覺得那個時候真是個傻子啊！因為如果學校告訴我，他們照樣維持原狀，我又能怎樣呢？我沒有本事要求家裡幫忙安排轉學，更沒有錢到另外一所高中念書，我是個一無所有的弱勢少女啊！

我至今已經不記得太多的情節了，我只知道那天我跟T小姐一直待到了晚自習結束，我們直接回宿舍。同學們問我們這一晚去了哪裡，我倆心照不宣，都沒有說些什麼。

這件事情就這樣過去了。我依舊不快樂，那群學生依舊鬧哄哄，我依舊盡量用意志力讓自己專心學習，可是我的成績真的越來越落後了。

04

等到高二結束高三開學的時候，突然有個同學跑過來告訴我，小令你知道嗎？學校把社會組重新打亂分班了，分班表就貼在公告欄上，你得按照自己所在的新班級去找新的班導師報到哦！還有寢室也要跟著換了哦！

當時我心裡一驚，千萬種情緒在心頭。

一是覺得我本來不報任何希望的事情，突然如驚喜一般出現在我本來很絕望的高中生活裡；二是我在那一瞬間才感到害怕：萬一上次去跟教務主任鬧事的事情被通知家長，被學校記過處分，甚至是退學，那該是多恐怖的一件事情……我都不敢假如了。

即使到現在，我也不知道這一次的分班決定，究竟是我和T小姐的努力，還是我們只是導火線，是學校管理階層後來經過討論得到的決定。我一直堅信應該是後者，因為我跟T小姐太勢單力薄了，我們沒有這麼大的本事去推動這件事情。

總之最後的結果就是，我到了新的班級，而且很幸運的是遇上了一位資歷成熟的班導師，T小姐也分在跟我同一個班級，另外我還遇上了L小姐，於是才有了我們三人後來的十多年的閨密情誼開始的故事。

這件小事其實埋藏在我心裡很久，我一直不想提，因為覺得很渺小。而且我這些年一直對那個當年我覺得沒出息的玻璃心班導師心懷怨念，我覺得我的青春裡所有的不開心都跟她有很大的關係，這一直都是我心裡的一道傷疤。

我也是在後來說服自己，我的那些不開心、自卑、迷茫、無處安放的煩躁，都是源於我的本身，周圍的一切人和事不過是外在的助力而已。

這件事情告訴我的經驗是，一個人的成長環境真的很重要，如果身邊都是一群不思上進的人，哪怕你自己再出淤泥而不染也無法規避。更何況我們不是聖人，我們只是一群普通的學生，一群沒有任何本事的小人物而已。

還有一個觀點其實我想留著以後說的，因為我現在還沒有成為媽媽，我還沒有孩子。但是我心裡的經驗告訴我，在我的孩子將來的成長路上，保持跟他的熱切溝通，聆聽他的抱怨以及煩惱是很有必要的。

還有就是不要迷信老師，不要一味只相信學校的官方意見，他們也有不完善的地方。

如果有一天我的孩子告訴我他在學校裡不開心，我一定不會敷衍，我一定會引導他，然後分析出來究竟是孩子本身的青春期煩躁，還是來自周圍環境的影響。

如果有一天他告訴我學校裡的某個老師是個壞蛋，我也不會馬上反駁他，我要追究清楚原因，如果真是周圍環境的影響，那我必定也會盡自己的能力孟母三遷，為他尋求一份好的求學環境。

我之所以現在如此努力上進，一方面是為了讓自己按照自己喜歡的方式過生活，另一方面也希望能夠給我將來的孩子更多的選擇權利。我父母沒有辦法給我的部分，我會盡量避免這件事情在下一代發生。

我一直跟周圍的朋友說我是沒有青春的，很多人留言請我寫一點懵懂心動的年少愛情故事，其實不是我推諉，而是我真的不曾體會過。

我覺得自己在十八歲以前一直渾渾噩噩，並且伴隨著無數的無可奈何，然後到了大學裡第一次看到外面的世界，我突然覺得自己一瞬間就長大了二十歲。

就像韓松落老師說的，我們似乎總會在某一年，爆發性的長大，爆發性的覺悟，爆發性的知道某個真相，讓原本沒有什麼意義時間的刻度成了一道分界線。

我直接從十八歲的渾渾噩噩中突然跳入大學這所自由的殿堂，四年下來對於生活真相的認知從覺得殘忍到接受，然後是適應，接著讓自己重新愛上生活。這一路走來我根本沒有放鬆過半分，我一直覺得自己很累很難受。

這兩年有以前的同學看到我在SNS上分享的照片，都說我變好看了。

我回答說，女生本來就是認真打扮一下，就會慢慢好看起來了啊！

他們回答說，你不一樣，你的眼裡有光了，以前我都不敢告訴你，你的臉上寫滿悲觀，二十歲的面孔總給人一種四十歲以上的壓力，讓人有些窒息。

我從來都不是依靠別人的肯定來活的人，但是對於外在這件事情，有人說如此好話，說明我至少沒有過得越來越糟。

06

有天和W小姐一起去看《我的少女時代》，看完電影出來，W小姐說，我也想去學溜冰呢。

我說那就去啊！

可是會不會讓別人覺得很幼稚啊？

我說到了我們這個年紀，還需要在意別人的評價與否嗎？我們這樣的乖孩子，從來不曾去過酒吧，從來不曾違背過校規，從來不曾忤逆過長輩。我們小心翼翼、如履薄冰、中規中矩活了二十多年，難道還要順著別人眼裡的所謂人生規則，繼續按部就班活下去？

如果說以前我們之所以不敢叛逆，那是因為我們要付出的代價太高。我們沒有電影裡有錢移民國外，不用參加大學考試的徐太宇的有錢爸媽。也沒有校花陶敏敏那樣的美貌，可以在眾多追求者中挑選一個家境不錯的對象，或者就嫁給土豪，完成自己的人生累積。

我們這樣普普通通的孩子一無所有，所以我們沒得選，我們要先保護自己，在傳統教育裡完成自己的學業，成為一個合格的社會人士。

可是現在不一樣了啊，我們有了一點可以選擇的餘地。我不知道我身邊那些一畢業就結婚生子的同學如今過得怎麼樣，每個人對自己幸福的定義不同。可是至少在我自己的人生裡，我起碼現在可以為自己做主了。

07

我從去年開始才慢慢擺脫剛進職場養活自己的生存壓力，然後規劃讓自己去旅行，後來開始有閒錢讓自己看電影看舞台劇，買花買甜點買相機。這些冥冥中總有一股力量彷彿在推動著我，似乎是要彌補我從來沒有過的青春放肆回憶。

當然我跟所有的上班族一樣有壓力，我想在這個城市裡買車買房，有永遠真正屬於自己的一席之地。可是我知道這種事情也急不來，我沒有有錢的父母，也沒有乾爹或者上司包養，我只是選了一條難一點的路。

可是即使這樣，至少有一點我是可以肯定的，那就是我跟那個充滿怨念的青春時期和解了，我跟我並沒有過那份或者美好或者蕩氣迴腸的青春的遺憾和解了。

我跟大部分的普通年輕人一樣，還沒有領悟青春的魅力，就已開始被迫走進社會，被迫長大。我不責怪生活本身，也不責怪自己的出身，我能夠做到的是，在我這一年年靠近三十歲、以後四十歲五十歲的門檻裡，讓自己練就一份不慌的本事。

只要我比同齡的人老去得慢，只要我比同齡的人更能依舊保持對生活的熱愛，以及願意努力去維持經營的行動力，只要我願意相信生活的掌控者在我手裡而不是假手於人，我就可以成為每一個階段最好狀態的自己。

哪怕老了，我也想成為一個又美又酷的老女人。這是我的心願。

寫完文章的時候，W小姐發來訊息，從這個星期開始，我們把這附近好玩酒吧都玩一遍吧。穿上又美又騷的好衣裳，一家家尋覓過去。喝酒是另一回事，放肆的體驗一場才是正經事。

至於以後有了家庭有了孩子是否就無法如此自由了，這些我們都不管。那些跟我們抱怨家庭瑣碎的已婚婦女同學，也從來不在我們擔心的未來範本裡。

我現在沒有資格拍胸脯說我們這樣的人，即使將來成家立業了也會成為一個很酷的妻子、媳婦、媽媽這些角色。但是眼前這一刻，我們有資格說下一秒我想去快樂的玩一場、我今天就是不想做飯、我週末就是要睡懶覺、這個客戶我不想接……這些我們還是有選擇的能力的。

只要眼前這一年，甚至是兩年三年內，我們還可以完全為自己而活，哪怕這個時期很短。因為我們清楚的意識到，這可能是此生不再有的這一小段時光了，那就值得我們珍惜一場，也全力以赴一場。

我們不是壞女人，我們的後少女時代，才剛剛開始。

有些故事不必說給每個人聽

每個人的路都不一樣，
你一方面期待拿大眾標準衡量自己，
可是另一方面又覺得自己太過庸俗，
這是一個假議題。

前公司裡有個姐姐，是個很熱心的人，她從進公司的第一天，大致就跟部門的人混熟了。而後的時間裡，她也總是愛幫忙，不管是不是自己工作職責的事，也都會義無反顧的出力一把。

久而久之，熱心姐姐變成了我們眼中的萬金油大姐姐，就是你有什麼事情都可以找她開口求救。

一開始我很喜歡這樣的她，她對你噓寒問暖，幫我處理了很多複雜的公司流程事項，直到有一次的小事，我才開始對這件事情有了芥蒂。

有一次我休了幾天的假，回來上班第一天就有同事撲向我，達達令聽說你去買房了啊？

我心裡一驚，然後說你也不看看我的薪水是幾斤幾兩，我現在怎麼買得起這裡的房子？

同事說，可是別人都是這麼說的啊！

別人？哪個別人？

其實我雖然發問，但是我心裡也知道這個別人是誰了。
於是趁著在茶水間的時候，我開始跟熱心姐姐聊天。
果然她熱情的問我，你買的是哪裡的房子呀小令？
我微笑著問，你怎麼知道我這幾天是去看房子呢？
她回答說，休假前一天，我不是看見你在印表機旁邊影印自己的身分證還有戶口名簿之類的資料嗎？我想說你這也入職幾年了，不需要再向公司繳交這些東西了呀。
那然後呢？我繼續問。
然後這幾天我看你在SNS發了幾張圖片，說你簽了一份很重要的合約，這是你人生裡很重要的時刻。
還有別的嗎？
她回答，對了，我看見你發了幾張社區住宅的照片，其中還有一張游泳池的照片，說希望明年這個時候游泳池開放了就好了，這樣每天都能到樓下玩水了。
哦，然後你就覺得我是去買房了嗎？
熱心姐姐說，那是當然啊！

這一刻，是我第一次意識到，以前我所聽來的那些辦公室八卦，或許大部分都早已丟失了原來的事實面貌。

這一刻其實我也很想反駁她，我剛畢業出來工作不到幾年，這個職位的薪水有多少其實大家都知道，我沒有乾爹沒有有錢男友，我父母都是普通的小人物，按照這個邏輯推算，我怎麼可能買得起房子呢？

其實我還想告訴她的是，她看到我在影印自己的身分證戶口名簿，是因為公司最近有一項新政策，提供我們這些剛畢業又在外租屋的員工每個月租房補貼，因為她自己不在符合資格的範圍裡，所以她沒有關注到這件事。

我想告訴她的是，我在SNS上發了那幾張簽合約的照片，是因為我跟出版社談定了出書的具體事宜，然後也談好了接下來幾本書的規劃。

還有我發的社區照片以及游泳池，就在我大學同學租屋的社區裡，離我自己住的地方很近，同學告訴她可以幫我辦到社區的用卡，這樣就可以隨時免費在社區游泳館裡游泳了。

這些話我來到了嘴邊，然後再慢慢吞進肚子裡。

她跟我沒有任何關係，只不過是這層辦公室裡每天人來人往的同事之一，她不了解我當下的處境與狀態，我也沒有必要告知她這一切。

因為我知道我自己解釋出來的千言萬語，可能她轉身喝一杯茶的功夫就忘記了，可是我自己還糾結在這個「自己是不是說得還不夠清楚」的糾結漩渦裡，這會是多痛苦的一件事！

02

也是經過這一件小事之後，我開始有意識的減少跟這位熱心姐姐的碰面機會，因為只要兩人碰面，她就開始一層一層的問，你最近做了什麼，接下來要做什麼，你什麼時候結婚，什麼時候買房子，什麼時候生孩子，你的父母是做什麼的……喋喋不休，沒有打算要停下來的意思。

如果今天的我遇到了這樣的場景，我會知道最好的方式，就是一開始就不要太過於有問必答或者有求必應。

可是那個時候的我不懂，我覺得基本的寒暄不是壞事，跟同事聊一些八卦瑣事也只是工作之外的一些調劑罷了，我還幼稚的覺得，只要跟每一個人都很友好的交流相處，我就會把公司的人際關係處理得很好。

哎，真是 too young too naive 啊。

因為當我開始成為一個有問必答的人之後，我也開始成為了這位熱心姐姐的傾訴垃圾桶。

她告訴我她早上擠地鐵轉公車三趟才到辦公室，真是累得半死；她告訴我她開車到公司前面的那個十字路口的時候堵了半個小時，她辛苦一大早起床還是遲到了很不值得。

她告訴我她本來可以在家裡附近的公司上班的，因為那家公司的老闆是她的同學，可是她覺得不好意思麻煩人家，於是來了現在這麼遠的公司上班，每天晚上回家還要陪孩子寫作業，非常辛苦。

她告訴我她的同學做生意有三四家店面了，賺了很多錢，她自己也想開一家店，可是一想到要打理這些事情就很頭痛，於是想想也就算了。

就是這樣的話題，她可以在茶水間重複十次，每一次開場白就如同第一次說這件事情一樣，但是我都能把後面接下來的橋段巴拉巴拉的背下來了。

有一天熱心姐姐請假了幾天，我們也不覺得有什麼，可是接下來這幾天的時間裡，她在SNS裡直播她的這個假期。

當然了這個假期不是去休假旅行，而是她的小孩生病了。

於是她在SNS裡直播，早上帶孩子去醫院掛號，拿到驗血報告，孩子的體溫是多少，然後打點滴的房間裡有多少人，這些一一拍照發圖，以及搭配一些自己很累很辛苦的一些話語。

幾天後她回來上班了，第一件事就開始跟我們說，哎，你不知道我這幾天多辛苦，簡直比上班還累你知道嗎……

我說，其實我們都知道你的寶寶生病了，我們也知道你很辛苦很不容易，所以即使你不在SNS裡說這些事，我們也能理解呢。

熱心姐姐說，那可不行，我得讓老闆知道我不是偷懶。

我說可是你不是已經跟老闆說了你請假是因為要照顧生病寶寶嗎？

她回應，可是我怕別人不知道啊！我害怕別人以為我請假是為了偷懶。

我笑著回答，沒有人會這麼想你的，再說了要是真有其他同事這麼認為，但是你按照公司的正常流程請假，那麼這個假期裡你是忙碌也好休息也好，沒有人可以評判你什麼不是嗎？

我又補充了一句，要是我的話，我覺得自己問心無愧就好。

她很詭異的看著我，覺得我的這一句回答很荒唐。

於是我再也不解釋了。

03

曾經我也很害怕別人評價我，從父母到親戚，從上司老闆到同事，從客戶到雜誌社的編輯，從普通同學到死黨好友。

這份害怕其實是雙面的，我一方面期待聽到在別人眼裡我是什麼樣的人，好的部分可以給我肯定，不好的部分我也可以用來讓自己更完善；可是另一方面我又很害怕聽到別人的評價，因為我太希望呈現一個完美的自己給每一個人了。

可是我做不到，我真的太弱小，我太膚淺，我太狹隘，我太人微言輕，我太沒有價值。

這一份心病，我一直到現在還在慢慢剔除中。

我媽每次跟別人稱讚我，都說你看小令從小到大都是個乖小孩，你看周圍鄰居學校老師都喜歡她，她不會犯錯，她什麼都可以做得很好。

我媽每次也都告訴我，親戚朋友都很羨慕我有這樣一個出色的女兒，你都不知道我有多開心。

在我媽眼裡，只有別人覺得我好，她才覺得我是個好女兒，她需要透過別人的肯定，以此來力證自己是個合格的、出色的母親。

我理解我媽的這份自豪感，因為我無法想像她養育我到今天付出了多少。

可是另一方面我也開始反思，如果有一天我自己有了小孩，當周圍的人都覺得他不是傳統意義上的好孩子，那我是不是就要羞愧萬分，覺得自己很失敗了？

我至今不敢告訴我媽，我曾經在國中的時候有幾次考試成績很差，一度想休學；我也不敢告訴她我高中的時候去校長辦公室鬧過一夜，要求整個年級的社會組班級重新分班；我更不敢告訴她我在大學裡一整年都為憂鬱症所苦；我也不敢說自己在剛畢業的時候，我拿到的薪水甚至比不上那個在老家開小吃店的同學。

身為孩子我們是不完美的，所以父母也一樣有不完美的地方。

他們害怕自己做得不好，更害怕自己的孩子做得不好，起碼在他們眼裡，自己的孩子不能輸給曾經一起念書的同學才是。

可是萬一我這輩子就是一個普普通通、甚至在別人眼裡有些失敗的人，那我該怎麼辦？

我身邊有朋友問我，為什麼你總是對家人報喜不報憂？我說不是我不願意跟家人傾訴，而是如果提起某一個小挫折，我的父母會放大十倍甚至幾十倍的憂愁。

曾經我跟我媽說過公司會議時上我回答錯了一個問題，當時我尷尬了一會，其實第二天就過去了。可是一個月後我媽還在碎念這件事情：你有沒有跟你的主管道歉呢？你下次要注意這一點啊！你接下來要更加拚命把好印象挽回來才是……

甜蜜的負擔，用在這裡最合適不過了。

於是到了後來，我乾脆就不去說這些小事情了。我迴避那些自己工作生活裡的不愉快，只告訴他們我的一點點進步，他們漸漸從擔心你過得不好，轉變成好像你也可以慢慢獨立起來了呢。

有些人告訴我父母總是不願意對自己放手，我說那是因為你把所有的奮鬥過程都點滴而具體的告知了父母，而這期間你又還沒有完全解決問題或者取得實質的進步，他們肯定會把這份焦慮無限放大，他們會把自己的擔憂渲染上一萬倍。

最好的方式，就是不去過多解釋，自己慢慢賺錢獨立、自己身體健康慢慢變好看，這樣他們就不會擔心你過得不好，他們也不會擔心你是剩男剩女，他們會開始意識到你有能力等待對的那一個人，你並不是沒有人要的可憐單身狗。

最好的解釋，莫過於把這一切都去做了才是。

04

至於在朋友在同事面前，這個原則就更加好用了。

對於熟悉你的人，他們會慢慢在生活相處裡認識你、熟悉你、理解你，這個前提是你要明白**你嘴上告訴別人的並不是事實，他們願意相信的部分才叫事實**。

當你明白這一點殘忍的真相以後，你就可以不必煩惱該告訴別人自己是怎樣一個人了。無論你如何解釋，他們信與不信，答案是在他們心裡。

這個時候，最後支撐你的信仰就是，你得相信你自己才是。

我們的人際關係圈如同流水，總有人來了又走，總有新的人選跟面孔走進你的生命裡。

以前我很糾結為什麼兩個好朋友不能一直走下去，後來我開始明白，不是別人變了，而是我自己也在變。我們如果步伐不一致，我們的格局不一樣，我們的圈子越來越遠，那麼淡忘、遠離、甚至徹底遺忘就變成了一件不知不覺的事情。

到頭來每個人都只能陪你一段時光，這才是生活的本身。

我有個學姐研究所畢業在一家大公司當法務，她總是跟我嘮叨自己很憂愁，因為身邊的同事都已經有車有房衣食無憂，她每天夜裡都心慌睡不著。

直到有一天，她告訴我要逼著自己的男朋友買車買房，否則就要分手。

我問她，你跟你男朋友才剛出來工作幾年，為什麼要這麼著急呢？

她說，我害怕別人覺得我不幸福。

我進一步問了一句，你指的這個別人，具體是指你周圍的那群同事對吧？

嗯嗯，因為我的生活圈就是這些人。

我於是回答，你有沒有想過，你身邊這些同事，都是在這大公司工作了十幾年的長輩，他們要是到如今還沒車沒房，那才是一件奇怪的事。可是你不一樣，你還年輕，拿你的青春跟他們換，你願意嗎？

學姐連連搖頭。

我說那這個道理不就想通了嗎？

學姐說，可是我還是不快樂，因為每時每刻身邊都是這些有所成就有所累積的人，我再怎麼看淡，也總是會受到刺激的。

我建議說要不你就離開這個老氣沉沉的單位吧，你的學歷高，有不錯的專業技能，去選擇年輕氣息一點的工作，身邊和你年紀相仿的人會多一些，你的歸屬感也會多一些。

她搖頭，我不要，這個代價太大了，我現在的收入不錯，而且很穩定。

我於是不再建議了。

她要的穩定安全，換來的是每日的憂心忡忡跟鬱鬱寡歡，對於我這樣著眼於精神與靈魂更為重要的人來說，這何嘗不也是更巨大的一份代價呢？

我又想起之前提到的那位熱心姐姐，她害怕別人不知道自己有多辛苦，這種需要外力加持來證明自己價值的人，久而久之就成了我心裡躲避不及的祥林嫂。

記得小時候讀史鐵生先生的《我與體壇》，他寫道，「有些事只適合收藏。不能說，也不能想，卻又不能忘。」

我總覺得，如果不能說不好說不方便說，那就留在自己的心底，只要你知道自己走過怎樣的路，你經歷過怎樣的冷暖，你自己才能過出一份獨一無二、唯有你自己才能體會到的別樣人生。

每個人的路都不一樣，你一方面期待拿大眾標準衡量自己，可是另一方面又覺得自己太過庸俗，這是一個假議題。

我想起自己前陣子回到前公司找舊同事吃飯，突然有個人告訴我，小令你知不知道，我們一開始都以為你是被公司開除的呢！

我很惶恐。

同事告訴我，你去主管辦公室談話的那一天，晚上下班後有人說看到你在自己的座位上哭了好久，我們都以為你是被炒魷魚的，但是後來你走了，我們也不好意思再問你。

我的記憶回到很久以前，我記得那天我跟主管談了一上午，夜裡下班等到別人都走了，我照舊打開部落格寫下當天的心情。

我在這第一份工作裡的跌跌撞撞，我結交的第一批學生時代以外的同事朋友，我每天上下班熟悉的公車地鐵路線以及風景，這些以後都不會再有了。

轉瞬之間，收拾東西的那一夜，是我來到這座城市的第三年零六十天，我看著辦公室落地窗外萬家燈火，再看著周圍沒有多少同事了，於是就小聲的哭了一陣子。

沒有悲傷，沒有感動，只是純粹想感慨釋放一下，僅此而已。

微文學42

你說的不應該，是我用盡全力的想望

作　者——達達令
主　編——楊淑媚
責任編輯——朱晏瑭
封面設計——謝捲子
內文設計——林曉涵
校　對——朱晏瑭、楊淑媚
行銷企劃——謝儀方

第五編輯部總監——梁芳春
董 事 長——趙政岷
出 版 者——時報文化出版企業股份有限公司
一〇八〇一九臺北市和平西路三段二四〇號七樓
發行專線——（〇二）二三〇六六八四二
讀者服務專線——〇八〇〇二三一七〇五
（〇二）二三〇四七一〇三
讀者服務傳真——（〇二）二三〇四六八五八
郵　撥——一九三四四七二四　時報文化出版公司
信　箱——一〇八九九臺北華江橋郵局第九九信箱
時報悅讀網——www.readingtimes.com.tw
電子郵件信箱——yoho@readingtimes.com.tw
法律顧問——理律法律事務所　陳長文律師、李念祖律師
印　刷——勁達印刷有限公司
初版一刷——二〇二一年三月十二日
定　價——新臺幣三〇〇元

時報文化出版公司成立於 1975 年，並於 1999 年股票上櫃公開發行，於 2008 年脫離中時集團非屬旺中，以「尊重智慧與創意的文化事業」為信念。

ISBN 978-957-13-8631-7
Printed in Taiwan

你說的不應該,是我用盡全力的想望/達達令作. -- 初版. -- 臺北市 : 時報文化出版企業股份有限公司, 2021.03
面；　公分

ISBN 978-957-13-8631-7(平裝)
1.自我實現 2.生活指導

177.2　　110001231